U0049838

維根斯坦

Ludwig Wittgenstein

趙敦華◎著

編輯委員：李英明　孟樊　王寧
龍協濤　楊大春

出 版 緣 起

　　二十世紀尤其是戰後，是西方思想界豐富多變的時期，標誌人類文明的進化發展，其對於我們應該具有相當程度的啓蒙作用；抓住當代西方思想的演變脈絡以及核心內容，應該是昂揚我們當代意識的重要工作。孟樊兄和浙江杭州大學楊大春副教授基於這樣的一種體認，決定企劃一套《當代大師系列》。

　　從八〇年代以來，台灣知識界相當努力地引介「近代」和「現代」的思想家，對於知識份子和一般民衆起了相當程度的啓蒙作用。

　　這套《當代大師系列》的企劃以及落實

出版，承繼了先前知識界的努力基礎，希望
能藉這一系列的入門性介紹書，再掀起知識
啓蒙的熱潮。

　　孟樊兄與楊大春副教授在一股知識熱忱
的驅動下，花了不少時間，熱忱謹慎地挑選
當代思想家，排列了出版的先後順序，並且
很快獲得揚智文化事業公司葉忠賢先生的支
持；因而能夠順利出版此系列叢書。

　　本系列叢書的作者網羅有兩岸學者專家
以及海內外華人，爲華人學界的合作樹立了
典範。

　　此一系列書的企劃編輯原則如下：

1.每書字數大約在七、八萬字左右，對
　每位思想家的思想進行有系統、分章
　節的評介。字數的限定主要是因爲這
　套書是介紹性質的書，而且爲了讓讀
　者能方便攜帶閱讀，提昇我們社會的
　閱讀氣氛水平。

2.這套書名爲《當代大師系列》，其中

所謂「大師」是指開創一代學派或具
有承先啟後歷史意涵的思想家，以及
思想理論具有相當獨特性且自成一格
者。對於這些思想家的理論思想介
紹，除了要符合其內在邏輯機制之
外，更要透過我們的文字語言，化解
語言和思考模式的隔閡，爲我們的意
識結構注入新的因素。

3. 這套書之所以限定在「當代」重要的
思想家，主要是從八〇年代以來，台
灣知識界已對近現代的思想家，如韋
伯、尼采和馬克思等先後都有專書討
論。而在限定「當代」範疇的同時，
我們基本上是先挑台灣未做過的或做
的不是很完整的思想家，做爲我們優
先撰稿出版的對象。

　　另外，本系列書的企劃編輯群，除了包
括上述的孟樊先生、楊大春副教授外，尚包
括筆者本人、王寧博士和龍協濤教授等合計

五位先生。其中孟樊先生向來對文化學術有
相當熱忱的關懷，並且具有非常豐富的文化
出版經驗以及學術功力，著有《台灣文學輕
批評》（揚智文化公司出版）、《當代台灣
新詩理論》（揚智文化公司出版）、《大法
官會議研究》等著作；楊大春副教授是浙江
杭大哲學博士，目前任教於杭大，專長西方
當代哲學，著有《解構理論》（揚智文化公
司出版）、《德希達》（生智出版社出
版）、《後結構主義》（揚智文化公司出
版）等書；李英明教授目前任教於政大東亞
所，著有《馬克思社會衝突論》、《晚期馬
克思主義》（揚智文化公司出版）、《中國
大陸學》（揚智文化公司出版）、《中共研
究方法論》（揚智文化公司出版）等書；王
寧博士現任北京大學英語系教授，「中國比
較文學學會後現代研究中心」主任、「國際
比較文學協會出版委員會」委員、「中美比
較文化研究會」副會長、北京大學學報編
委；龍協濤教授現任北大學報編審及主任，

並任北大中文系教授，專長比較文學及接受
美學理論。

　　這套書的問世最重要的還是因為獲得生
智出版社董事長黃亦修先生的支持，我們非
常感謝他對思想啓蒙工作所作出的貢獻。還
望社會各界惠予批評指正。

　　　　　　　　　　李英明　序於台北

自序

　　維根斯坦是分析哲學創始人之一，對分
析哲學的兩大流派——邏輯經驗主義以及日
常語言哲學都有重大影響。雖然本世紀湧現
出大量哲學家，現在還不能肯定究竟有多少
人會深刻地改變或影響後世的思想，但不管
將來人們如何書寫二十世紀的哲學史，其中
一定不會遺漏維根斯坦的思想。

　　維根斯坦研究現在是一門顯學，數以千
計的介紹和評論作品已經出版。研究得越深
入，人們越能感覺到維根斯坦思想和人格的
矛盾。他出身於百萬富翁家庭，却把全部遺
產捐獻出來，自己過著近乎清貧的生活；他
的《邏輯哲學論》曾爲他帶來盛譽，他却遠

離哲學界到邊遠山區去當小學教員；當他重返哲學界並登上劍橋大學首席哲學教授之後，又辭去職務，獨自到漁村去沈思；他把傳統哲學當作困惑思想的精巧方式，但又體驗到其中包含的不可言傳的深刻道理；他一生寫下千萬字的筆記，但又不是爲了著書立說，他生前只出版過兩本書，一本是只有二萬餘字的《邏輯哲學論》，另一本是他在當小學教員時編寫的《國民小學詞典》；他選擇了哲學作爲自己的職業，但却反對職業化的哲學，多次勸說自己的學生不要攻讀哲學；他的思想在英語系國家廣泛流行，但他却感到自己好像在爲不同的生活方式和文化傳統、生活在不同時代的人而寫作。他是否想到，現在有不少中國人也已經有了這樣的感覺？

筆者十年前選擇維根斯坦作博士論文，後來又在大學講維根斯坦哲學，對他的思想魅力有過親身體會，也不時被莘莘學子的熱忱所感染。同時，我也領悟到，維根斯坦哲

學的魅力恰恰在不使人不著迷。他曾一語道
破玄機；「眞正的發現使我能夠在想做哲學
時，停止這樣做。」（The real discovery is
the one that makes me Capable of Stop-
ping doing philosophy when I want to.）
豈止做哲學如此；做任何事情，都要能夠鑽
得進，走得出，擔得起，放得下，撒得開，
收得攏。讀一回維根斯坦，或許能使人解開
一些困惑情結，走進一個平凡而又自如的人
生境界。這就是我寫這本小書的一點奢望。

　　　　　　　趙敦華　于北大燕東園

目　錄

第一章
生平與著作

歷史上的哲學家大致可分爲兩類：第一類人在書齋和講壇渡過平靜的一生，思想是他們生活的唯一樂趣，他們的著作就是生平；另一類人閱歷豐富，個性鮮明，思想乃是他們生活體驗和獨特性格的自然流露，他們的生平是著作的最好註脚。若說，康德是第一類哲學家的典型（這位影響了整個世界的思想家終生沒有離開其家鄉柯尼斯堡），那麼，維根斯坦則是第二類哲學家的代表。

維根斯坦不但是本世紀最偉大的哲學家之一，也是哲學史上個性顯著的奇才。他的學生、親朋和熟人撰寫了不少關於他的回憶錄，栩栩如生地揭示出維根斯坦豐富多彩的人生經歷和奇特不凡的性格特徵。他的生活、性格與他的哲學思想一樣令人迷戀傾心，可以說，不了解他的性格也就不會理解他的哲學。因此，近來的維根斯坦研究者越來越傾向於把其思想與性格聯繫在一起研究。比如，著名研究者麥克奎納斯（Brian McGuiness）於1988年出版的《維根斯坦生

平：青年路德維希1889—1921》 (*Wittgen-
stein： A Life, Young Ludwig 1889-
1921*)，以及一個名叫芒克 (Ray Monk)
的後起之秀於1990年出版的《路德維希·維
根斯坦──天才的責任》 (*Ludwig Witt
genstein, The Duty of Genius*) 這兩本書，
就是把維根斯坦生平傳記和哲學思想結合在
一起研究的最新進展。

　　爲了使讀者對後面所介紹的維根斯坦哲
學有較深刻的理解，我們在本章首先根據有
關傳記材料和研究成果，力求揭示這位偉大
哲學家從事思想創造活動的生活環境、精神
動力和發展軌跡。

一、生平傳記

　　路德維希·約瑟夫·約翰·維根斯坦
(Ludwig Joseph Johann Wittgenstein)

於1889年4月26日生於維也納。他的祖輩爲猶
太人麥耶（Meyer）家族，從他祖父始改姓
維根斯坦。其父卡爾・維根斯坦年輕時曾隻
身闖蕩紐約，當過侍者、賬房、教員和守夜
員，憑著辛勤工作和卓越才能，開拓了自己
的事業，成爲當時奧匈帝國的鋼鐵大王。路
德維希是卡爾最小的兒子，他有四個哥哥和
三個姐姐。卡爾夫妻是藝術愛好者和資助
者，他們的豪華別墅是很多著名藝術家出入
的沙龍。路德維希和幾個哥哥姐姐在家中受
到良好的啓蒙教育，具有較高的藝術修養。
路德維希直到14歲時才到公立的中等專科學
校學習。這所學校位於林茲（Linz），希特
勒與維根斯坦於1904～1905年度曾同時在此
就讀，但希特勒因考試不及格而退學，維根
斯坦則於1906年於此畢業。他的中學成績並
不好，只在宗教課程上得過兩次A，大部分課
程得分爲C和D，化學課還得過E。

　　中學畢業之後，按照父親爲他設計的一
條當工程師和工業家的道路，維根斯坦先在

柏林的夏洛騰堡高等技術學院就讀三學期，
於1908年秋季來到英國曼徹斯特大學學習航
空學。在那裡，他參與了世界上最早的噴氣
式發動機的實驗和設計工作。設計工作需要
數學知識，他參加了一個討論數學基礎問題
的學術團體。在討論時，一個同學向他推薦
羅素（Bertrand Russell）於1903年出版的
《數學原理》一書。羅素此書將新興的符號
邏輯引入數學和語言領域，奠定了數理邏輯
和分析哲學相結合的基礎。維根斯坦深深為
之吸引，並繼續鑽研了分析哲學和數理邏輯
的另一位創始人、德國耶拿大學弗雷格
（Gottlob Frege）教授的著作。1911年秋，
他拜訪偏居耶拿的弗雷格，弗雷格建議他到
當時哲學發展的前沿重鎮劍橋大學向羅素學
習邏輯。

　　1911年10月18日，維根斯坦與羅素首次
見面。羅素當時是劍橋大學三一學院講師，
維根斯坦選修他所主講的邏輯課程。每次課
後，他都要和羅素用他那時尚不太熟練的英

語進行辯論。羅素發現這位學生不但能完全
領會講授內容,而且有執著的探索精神。同
時,系主任穆爾 (G. E. Moore) 對維根斯
坦評價也很高,他對羅素說,維根斯坦是在
課堂上唯一流露出困惑表情的學生。聽了一
學期課程之後,維根斯坦對自己是否具備從
事哲學的能力仍未具信心,他徵求羅素意
見。羅素請他寫一篇文章作為判斷依據。羅
素在維根斯坦去世後寫的一篇回憶錄裡說,
他才讀到文章的第一句話便對維根斯坦說:
「不,你不應當成為航空工程師。」維根斯
坦於是放棄了在曼徹斯特大學的學籍,於
1912年2月正式在三一學院註冊修哲學本
科,這真可謂是一語定終身。

　　劍橋大學是分析哲學的發源地,當時聚
集著穆爾、羅素和懷德海 (A. N. White-
head) 這樣一些第一流哲學家和一批更年
輕的哲學家和邏輯學家。維根斯坦的加盟為
新興的分析哲學增添了新的活力。他在學術
圈內顯示了出眾的思維和辯論才華,成為

「道德科學俱樂部」的積極份子，還被吸收進入哲學精英的秘密組織「使徒」。1912年12月，他在俱樂部會議上宣讀了他的第一篇公開發表的論文〈什麼是哲學〉。

維根斯坦雖然只是低年級學生，但他那嶄露頭角的才能已深得師長們的賞識。羅素和穆爾分別比維根斯坦大17歲和16歲，但他們之間的關係已不是師生關係，而像朋友和同事一般相處。維根斯坦與羅素經常在一起切磋學問，直到深夜。羅素把維根斯坦當作哲學人才的完美榜樣，具備了歷史上天才人物的美德：熱忱、深邃、認真和卓越才能。羅素對造訪英國的維根斯坦的姐姐說：「我們認為，哲學下一步的重大發展將由你的弟弟來完成。」穆爾與維根斯坦友誼甚篤。有一次穆爾患病，他前去探望，却在病床前討論起哲學問題。穆爾的妻子按照醫囑，要求他們交談時間不要過長。維根斯坦堅持說，哲學討論在沒有達到結論之前不應中斷，穆爾如果因為討論的勞累而去世，這對於一個

熱愛眞理的人來說也是值得的。穆爾謙遜地認爲自己的天賦不如維根斯坦，平時非常留意和尊重維根斯坦的創見。

　　1913年1月，維根斯坦父親逝世。同年秋季，他和朋友大衛·平森特（David Pinsent）一起去挪威度假。那裡的寧靜環境和自然風光使維根斯坦流連忘返。他在挪威西北部的一個農場建造一座小屋，住在那裡潛心思考邏輯哲學問題。1914年3、4月間，穆爾專程從劍橋來訪問他，把他口述的研究心得記錄下來，直到維根斯坦去世之後才公佈於世，這就是《挪威筆記》的由來。維根斯坦自1914年後把自己思想隨時記錄下來，這些筆記於1961年以《1914至1916年筆記》爲題發表。

　　1914年第一次世界大戰爆發，維根斯坦參加奧匈帝國軍隊，獲炮兵中尉軍銜，在南方戰線作戰，獲得勇敢獎章。1918年10月，南線奧匈部隊崩潰，他成爲一名戰俘，被關在義大利卡西諾戰俘營。

　　即使在戰爭期間，維根斯坦也未放棄哲學事業，不管在戎馬之際，還是在休假期間，甚至在戰俘營裡，他還不斷把稍縱即逝的靈感記下來，並把這些筆記整理成一本書，即《邏輯哲學論》。透過紅十字會，他把這部書手稿從戰俘營分別寄給弗雷格和羅素。無獨有偶的是，羅素在英國因鼓吹反戰被囚禁8個月，在獄中也寫了一本書，即《數學哲學導論》。在書中，羅素承認維根斯坦對他的影響，還說他不知維根斯坦是否活著，收到維根斯坦手稿之後，他也把自己寫的書寄給他。他們約定，和平時期再聚會討論哲學。

　　1919年8月，維根斯坦被遣散回家。戰爭使他的兩個哥哥一死一殘。維根斯坦宣佈放棄所繼承的巨額財產（約相當於200萬美元），差一點連去荷蘭海牙與羅素會面的路費也出不起。同年12月，兩人在海牙相逢。維根斯坦用了一個星期時間逐段逐句向羅素解釋自己的著作，但並未使羅素信服。出版商更不懂得這部著作的價值，不是一口拒絕，

就是要他自費出版。最後，一家出版社表示
願意出版，但要求羅素寫一序言推薦。當維
根斯坦讀到羅素所寫的長篇序言之後，極爲
不滿，他在回函中指責說：「往日你那流暢
的手筆喪失殆盡，剩下的只是誤解。」由於
他拒絕將序言付印，出版商也拒絕出版他的
書。心灰意冷的維根斯坦把手稿寄給羅素，
任其處理。

　　當時奧地利正在開展掃盲活動，需要一
批教師到鄉村普及教育。維根斯坦在戰俘營
時讀過托爾斯泰的《福音書簡》等著作，對
其中宣揚的崇尚樸素自然的農民宗法思想和
生活倫理極其欣賞。他抱著托爾斯泰式的理
想，自願來到奧地利東南部的閉塞貧瘠山區
任教。美妙的理想在現實中很快破碎了。他
的脾性使他很難與同事相處，人際關係不
佳，六年內換了三所學校。他的紳士派頭和
一些愚昧無知的學生家長更是格格不入，他
們集體上法院控告維根斯坦毆打學生。在訴
訟過程中，維根斯坦憤然回到維也納家中。

　　在維根斯坦遠離哲學界的時期，他的思想却在哲學界廣泛流傳。羅素以其名望，很快解決了維根斯坦留給他的手稿的出版問題。1921年，著名化學家和哲學家奧斯瓦爾德（Oswald）主編的《自然哲學年鑑》登載了《邏輯哲學論》。次年被譯成英文時，按照穆爾建議，該書採用拉丁文名稱Tractatus Logico-Philosophicus。這部書受到英國的分析哲學家和維也納學派的高度評價，有不少人甚至把它稱作「邏輯實證主義的宣言書」。維根斯坦回到維也納之後，應邀參加維也納學派活動。1927至1929年間，經常與石里克（M. Schlick）、紐拉特（O. Neur-ath）、卡納普（R. Carnap）以及費格爾（H. Feigl）、魏斯曼（F. Waisman）等維也納小組成員展開討論。同時，他還與劍橋的舊相識保持著聯繫。在朋友們的勸說下，他終於同意重返劍橋。他曾說，哲學家每隔七、八年就要休息一段時間，才能做創造性工作。離開哲學界多年之後，他感到自己又

可以從事哲學創造了。

　　1929年初，維根斯坦回到劍橋。他以《邏輯哲學論》爲博士論文，很快取得哲學博士學位，並被聘爲三一學院研究員。1929至1936年期間，他一面講授倫理學、語言哲學、數學哲學和邏輯學等方面課程，一面從事研究工作。他的研究方式和以前一樣，隨時把自己的思想記在筆記本上，一條條隨筆好似一朵朵閃爍不定的思想火花。他從不按常規方式發表論著。他的講課方式也與衆不同，他從不用講稿，而是一邊思考，一邊講授。有時他長時間沈浸於思索，學生以其面部表情看到他內心的思想正處於激烈鬥爭狀態；有時他又爆發一連串宏論，配以有力的手勢，學生從其激動的神志猜測到他正在闡述具有重要性的觀點。

　　1935年9月，維根斯坦參觀莫斯科和列寧格勒，一度曾有移居蘇聯的考慮。後來蘇聯興起的肅反運動致使政治局勢惡化，他才放棄此項打算。1936年6月研究員聘任期滿之

後，他在挪威小屋裡度過一段時光。直至1938
年歐洲局勢緊張，他才回到劍橋繼續任教。
自德國法西斯吞併奧地利之後，他就放棄了
奧地利國籍，成為大不列顛的臣民。1939年，
穆爾退休，維根斯坦接替其哲學教授職務。

　　二次大戰期間，維根斯坦承擔了一些社
會義務工作。1941至1942年在倫敦一家醫院
實驗室工作，1943年在著名的紐卡爾心理實
驗室工作，周末才回劍橋開設講座。直到1946
年他才正式恢復課程講授，開設數學哲學和
心理哲學。1947年底，他辭去哲學教授職務。

　　維根斯坦在旅行中度過晚年。1948年他
住在愛爾蘭，在寧靜的鄉村和漁村從事創
作。此時他覺得身體日漸衰弱。1949年秋，被
診斷患有癌症。他在最後兩年去過紐約，重
訪挪威和愛爾蘭，還回到維也納探望同樣患
有癌症的姐姐。1951年2月，他終於住進自己
私人醫生家裡，他不願死在醫院。4月29日，
維根斯坦與世長辭。他最後的話是：「告訴
人們，我度過美好的一生。」他被葬在劍橋

的聖詹姆斯公墓。在他墓前，至今還不時有
人憑弔，送上一束束鮮花。

二、其人其事

維根斯坦天賦很高，在數學、航空學、
藝術、建築、心理學等方面都顯示了他的才
能，但他選擇哲學作為畢生事業，以其智慧
譜寫出二十世紀哲學的新篇章。他的哥哥們
却沒有他幸運。兄弟5人中有3人自殺，其中一
人因陷於同性戀不能自拔而自殺。維根斯坦
本人也多次有過自殺的念頭。1920年之後，他
在給朋友的信中表達出對生活的絕望。他寫
道：「因為我的卑鄙和墮落，已經沈淪到了
最底層，我時常想要結束自己的生命。」
「近一年多來，我在道德上已經死亡了，我
的生命是無意義的，充滿著徒勞無益的事
情」①

　　令當今研究者感興趣的問題是：維根斯
坦為什麼能夠克服自殺這一家族性傾向？他
自我譴責的道德墮落和卑鄙指的是什麼樣的
行為？一些喜歡窺測名人私生活的人肯定地
說，終生未娶的維根斯坦原來是一個同性戀
者。巴特萊（W. Bartley II）在其研究維根
斯坦思想傳記的著作中甚至繪聲繪影地描述
他於1919年復員回到維也納，經常深更半夜
在帕拉特公園（維也納同性戀中心）尋找夥
伴的情景以及欲罷不能的矛盾心理。②這種
詳細描述引起人們對材料來源可靠性的懷
疑。據巴特萊在1985年修訂本的跋中說，消息
來源於「維根斯坦朋友們的可信報導」。另
外，維根斯坦生前確實有一些男性密友。他
的《邏輯哲學論》就是獻給早夭的朋友平森
特的。維根斯坦遺留的筆記中有一些別人不
能理解的代碼，有些字句則被遺稿法定收藏
人有意遮掩起來不讓人閱讀。巴特萊聲稱，
如果公開這些被遮掩部分，破譯這些代碼，
那麼他關於維根斯坦是同性戀者的結論將被

完全證實。

　　芒克在其新著中著重探討了維根斯坦的自殺傾向和是否爲同性戀者的問題。他說明，自殺和同性戀是當時維也納普遍流行的社會風氣。瓦寧格（Otto Weiningex）的《性別與性格》一書即是這一風氣的產物。瓦寧格把兩性區別作爲兩類基本性格的區別，他極力貶低女性性格，完全否定男女之間愛情的意義。另一方面，他把男性性格理想化、典型化爲「天才」。天才是對眞與假、善與惡的極爲敏感的直覺，對天才而言，「邏輯和倫理在本質上是一致的」；瓦寧格還說：「天才是最高美德，因而是每一個人的責任」。他認爲不以天才爲責任的生活毫無價值，並感到自己不能像天才一般地生活，於是這位年輕的同性戀者結束了自己23歲的生命。瓦寧格的自殺使他成爲一次大戰之後維也納的偶像式人物。據芒克說，青少年的維根斯坦深受瓦寧格影響，確定了終生孜孜以求的目標，這一目標就是「天才的責

任」。在此目標的鼓舞下，他度過了企圖自殺的精神危機。支配維根斯坦生活的目標雖然不是哲學，但哲學却是他實現天才責任的途徑，他所開創的哲學思想表現出天才的性格，證明了自身的存在價值。哲學事業的成功給予他生活的勇氣。

關於維根斯坦是否是同性戀者的問題，芒克尋找出解決這一疑案的有力證據。他在維根斯坦手稿收藏館獲得查閱被遮蓋字句的特殊待遇，並從中摘錄一些段落。芒克的結論是：「維根斯坦所說和所寫，蘊含著瓦寧格《性別與性格》所示的對性與愛的態度。他把性與愛截然分開。對異性以及對同性的衝動嚴重地圍繞著他。他似乎認為，這種衝動與他所希望成為的那種人是格格不入的。」③

芒克引用一些證據表明，維根斯坦確實對他的男性朋友抱有異常感情，甚至會因他們與別人交往而嫉妒，但他在筆記中更多地記錄了自己對這種不正常感情的羞愧、不安

和懺悔心理狀態。這種克制態度似乎足以防止他的異常感情發展爲同性戀行爲。在維根斯坦手稿裡沒有發現任何有關同性戀行爲的記錄。正如他有過自殺的念頭，他也有過同性戀的衝動；但是，正是對自己天才的強烈意識以及承擔天才責任的願望，把他從毀滅與墮落的邊緣挽救回來。不理解這一點，就很難理解他的哲學的精神動力與生活目標。

我們認爲，芒克的分析是合理的。對於維根斯坦來說，哲學不是謀生的職業，而是生死修養的事業。他從來不希望學生成爲職業哲學家。他研究和講授哲學的方式也不是學究式的。他一生寫下上千萬字的筆記，但却不關心這些文字能否發表，也不在乎別人是否理解。他並不試圖建立一個哲學體系，也不考慮自己在哲學史上的地位。

維根斯坦一生都在嚴肅而又自由地探索，追求一種明澄徹悟的思想境界。思想的洞見已成爲他的生活不可缺少的一部分。他希望上帝能賦予他更多的智慧，讓他把問題

想得明白透徹，否則他感到不能再活下去了。有一次他在羅素房間裡像一頭困獸來回走動，在三個小時時間內沈浸於焦慮之中，沒有說一句話。羅素半開玩笑地問：「你在想邏輯呢，還是在想你的罪？」維根斯坦簡單地回答：「都在想。」一面繼續走動著。對於他來說，邏輯洞見和倫理目標是同一的。他把《邏輯哲學論》說成「本質上是一部倫理學著作。」

　　維根斯坦是一個嚴以律己，也嚴以待人的人。他抱有眞善美的人生洞見，又經常因爲自己不能淨化道德而沮喪和懺悔。1937年，他曾經寫了一篇懺悔錄，痛心疾首記下一生所做的錯事。據一位當時看過此文的人說，其中主要記錄兩件事。一件事發生在山區任教時期。有一次他對一個女孩實行體罰，當學生父親找他評理時，他却矢口抵賴說他沒有打學生。另一件事是他隱瞞了他的猶太血統。順便說一下，維根斯坦有四分之三的猶太血統。二次大戰期間，法西斯當局

對他家進行詳細的血統辨別，得出的結論是 Mischlinge（非猶太人但混有猶太血統）。

維根斯坦容不得虛僞和謊言，總是直率地表達自己觀點，對他所斷定的別人的錯誤毫不留情。在課堂上，當他發現學生提出的問題不得要領，或誤解了他的觀點，便動輒斥責爲「胡說」。在俱樂部會議上，他經常猛烈抨擊和嘲笑同事觀點。在他成爲哲學教授之後，在他主持的會議上，經常使發言人難堪，有時竟使會議鴉雀無聲。但維根斯坦也有自知之明，他感到自己缺乏教師應有的耐心和諄諄善誘的品質，認爲這會阻礙學生獨立思考。這也是他主動辭去教授的一個原因。

在維根斯坦主持劍橋哲學教席期間，曾發生過轟動一時的「波普事件」。著名哲學家卡爾·波普（Karl Popper）應邀來劍橋作題爲「哲學之困惑」的演講，由維根斯坦主持會議。當波普講到道德問題時，維根斯坦不耐煩地插話說，哲學問題遠比波普想像

的複雜，這一演講非但沒有解決哲學之困
惑，反使聽眾更加糊塗。波普反唇相譏道，
他不過在用維根斯坦及其學生們時下所寫的
一些東西，作爲哲學困惑的具體例證。維根
斯坦揮動著一條撥火棍對他吼道：「給我一
個人們公認的道德規範的例子。」波普應聲
答道：「不要用撥火棍來威脅客座演講
人。」維根斯坦勃然大怒，摜門退場。羅素
趕去把他拉回到主席座位上，對他喊道：
「維根斯坦，這是你的過錯。」

　　維根斯坦與羅素的私人關係也很能說明
他的個性。這兩人曾是親密的朋友，師生倆
相互學習的經歷是哲學史上最感人的故事之
一。但是，自1922年倆人在奧地利茵斯布魯克
的一次會晤之後，他們的友誼就完結了。據
羅素說，維根斯坦因爲他不信基督教而與他
絕交。但倆人分歧可能有更深刻的原因。羅
素與維根斯坦性格和氣質迥然不同，他是一
個社會活動家，積極投身於和平運動和女權
運動，寫過很多時事評論和政治倫理方面著

作，多次受到宗教家和傳統衛道者的指責。
維根斯坦也批評說，羅素在哲學上已經自殺
了，羅素關於數理邏輯的著作是每個學哲學
的人必讀的，但他關於政治和倫理的著作，
應放在禁書之列。他特別厭惡羅素鼓吹性解
放的《論婚姻》一書，說它起著春藥作用。
維根斯坦重返劍橋之後，與羅素視同陌路，
羅素於1929年6月應穆爾邀請，主持維根斯坦
博士論文答辯會，羅素在會上針對《邏輯哲
學論》提出幾個問題，維根斯坦對之的答辯
卻是：「你永遠也理解不了這本書」。但據
了解劍橋哲學界的艾耶爾（A.J.Ayer）說，
在劍橋只有少數人不怕維根斯坦，羅素就是
其中之一。羅素可以在維根斯坦主持的會議
上談笑風生而不怕被維根斯坦批評，因為他
畢竟做過維根斯坦的老師。但維根斯坦還是
在私下把羅素當作俱樂部裡最不受歡迎的
人，囉哩囉嗦而且淺薄。

　　維根斯坦雖然對人嚴厲，不善交際，但
卻珍惜真誠和友誼，對周圍的人具有感染

力。他吸引了一些青年學生，其中有些人成
為他思想的忠實追隨者。這固然是靠思想說
服人的力量，但熟悉他的人大多承認維根斯
坦的氣質富有魅力。他相貌英俊，身材修長，
眼神深邃。一個學生說，這樣的相貌使人聯
想起阿波羅雕像。維根斯坦服飾簡單，常年
穿夾克馬褲，不結領帶，不戴帽子，即使在
正式場合也是如此。他的房間除必須的少數
幾件傢俱外，沒有任何裝飾品。常年以麵包
和乳酪為食物。他的嗜好是音樂、小說和電
影，對古典音樂有極高的鑑賞力。非常喜歡
看美國偵探小說和西部電影，他說偵探小說
比哲學論文有趣得多。

　　維根斯坦是一個憤世嫉俗之人。他說，
我們正處在一個黑暗時代，但這個時代不是
靠改變人們的思想，而是靠改變人們生活方
式才能改造。他並沒有用哲學改造社會的冀
望，政治對他來說是可怕的。他的母親是天
主教徒，他幼時在天主教堂受洗禮，但從不
上教堂做禮拜。維根斯坦感到自己思想與歐

美文明主流格格不入，具有科學頭腦的人不能理解他，他好像在爲具有不同文化傳統的人寫作。雖然他的追隨者在他生前就開始詮釋他的思想，他總是抱怨別人歪曲誤解了自己的意思。無論人們現在如何看待他的思想，一個公認的事實是，他對語言現象的深刻分析，使他成爲本世紀最偉大的哲學家之一。

三、著作概覽

維根斯坦生前只出版過兩本書，一本是《邏輯哲學論》，另一本是他在當小學教員期間編寫的《國民小學詞典》，這本字典於1926年被當作學校的正式參考書出版。維根斯坦身後留下大量手稿，按照他的遺囑，由他的學生安斯康姆（G. E. M. Anscombe）、馮·賴特（G. Von Wright）以及他

的圖書館管理員雷斯（R. Rhees）共同管理，存放在劍橋三一學院圖書館內。

　　維根斯坦身後出版的著作包括兩類，一類是他的遺稿保管人整理編輯的手稿，另一類是他的學生或聽眾根據記錄稿整理編輯的講演錄。關於維根斯坦遺稿目錄，可見馮・賴特所著《維根斯坦》（*University of Minnesota press*）一書的附錄〈維根斯坦手稿〉（見該書111～136頁）。關於已出版的維根斯坦著作詳細目錄，可參見桑克爾（V. A. Shanker）編輯的《維根斯坦：批判性評價》（*Ludwig Wittgenstein: A Critical Assessments,* Groom Heim, London, 1986）一書第5卷〈維根斯坦參考文獻〉。下面簡要介紹除其代表作《邏輯哲學論》和《哲學研究》（我們將在第二、三章重點介紹這兩本書）之外的幾本重要著作。

　　《1914年～1916年筆記》（*Notebooks: 1914～1916*）：維根斯坦早期寫了大量筆記。在他逝世之前，他的親屬依照他的囑咐

燒毀了大部分筆記，僥倖留下三本，於1961年
整理出版。這些筆記是理解《邏輯哲學論》
的重要參考資料。

　　《維根斯坦和維也納小組》（*Ludwig
Wittgenstein and the Vienna Circle*）：在
1927至1928年間，維根斯坦向維也納小組解
釋《邏輯哲學論》，並展開討論，由此暴露
出他與邏輯實證主義者的一些思想分歧。這
些討論當時由小組成員魏斯曼記錄，於1967
年整理出版。

　　《哲學語法》（*Philosophical Gram-
mar*）以及《哲學評議》（*Philosophical
Remarks*）：根據維根斯坦重返劍橋之後，
於1930至1932年間的筆記整理而成。這些筆
記反映了他在轉變時期的思想——他一方面
發現邏輯分析的片面性，注意到日常語言的
更加寬泛和合適的功用，另一方面則尚未明
確透過何種途徑和方法從日常語言挖掘出哲
學道理。

　　《藍皮書和褐皮書》（*Blue Book and*

Brown Book)：這是維根斯坦根據學生記錄和課堂筆記整理出的兩份打字稿。1958年出版時，編者根據打字稿封皮顏色，題名為《藍皮書和褐皮書》。該書包含維根斯坦後期思想的萌芽，如「語言——遊戲」說在此書中首次提出。

《關於數學基礎的評議》（*Remarks on the Foundations of Mathematics*）：維根斯坦後期放棄了《邏輯哲學論》對數學基礎問題所持的邏輯主義觀點，於1936至1940年間對此問題重新進行深入思考。這方面筆記於1967年整理成此書發表。

《關於心理哲學的評議》（兩卷本）（*Remarks on the Philosophy of Psychology*, 2 Vols）以及《片語》（*Zettel*）：維根斯坦後期在對數學與日常語言規則關係進行思考同時，還對心理現象、活動與日常語言用法之間的關係進行獨特別緻的研究。這部分筆記被編輯為上述兩部著作。它們和《關於數學基礎的評議》都是維根斯坦在寫

作《哲學研究》時所準備的原始資料，對於
全面理解《哲學研究》具有重要參考價值。

　　《論確定性》（*On Certainty*）：該書
爲維根斯坦逝世前兩個月寫成，於1967年出
版。這些筆記討論的主題是眞理和確定性的
標準，懷疑主義的限定和範圍以及日常語言
規則的來源、演變和表達方式等。

　　《文化與價值》：從維根斯坦在各個時
期寫作的有關筆記摘錄匯編而成，於1980年
出版，這些筆記反映出對科學主義的不滿和
排拒態度，說明了日常語言與文化傳統和人
文價值取向之間的密切聯繫。這本書對於全
面理解維根斯坦語言哲學的文化背景和人文
精神具有重要作用。

　　維根斯坦著作可被分爲早期、中期和晚
期三個階段，中期著作表達出過渡性的思
想。我們可將維根斯坦思想分爲前後兩個時
期加以介紹。前期思想以《邏輯哲學論》爲
代表，後期思想以《哲學研究》爲代表。

註釋

① 引自P. Engelmann編，*Letters from Wittgenstein with a Memoir,* Basil Blackwell, 1967, p.32.

② 參閱W. Bartley, *Wittgenstein,* Quartet Books. London, 1974, pp.18-27.

③ R. Monk, *Ludwig Wittgenstein: the Dutv of Genius,* Free Press, New York, 1990, p.585.

第二章
早期思想
《邏輯哲學論》

　　《邏輯哲學論》只有兩萬餘字，却是哲學史上最精練、最難懂的經典著作之一。這本書由一段段短小精闢的段落組成，最短的段落只有一句話，最長的段落也不過百十餘詞。很多段落好似箴言警句，因此有人把此書比作老子的《道德經》或佛家的禪語。然而，維根斯坦本人却把這些段落聯結成一個嚴密的系統。這一系統的結構由數字顯示，每一段前面都有一個編號，這個數字表示該段落內容與上下文的關係。編號的原則是，分數號碼的段落是對整數號碼段落的解釋，而n＋1位分數號碼的段落又是對n位分數號碼段落的解釋。比如，2.01號段落是對2號段落之解釋，2.011和2.012號段落又是對2.01號段落之解釋，2.0121、2.0122和2.0123號段落則對2.012號段落進行解釋，2.01231號段落再對2.0123號段落加以解釋。按此原則，該書理應結構嚴謹，層次分明，但事實却不那麼簡單。研究者們發現，很多段落和分段落並沒有被解釋和解釋的關係，同位分數號碼的段落之

間也不是平行關係。人們若找不出段落之間
的邏輯關係，通常認為這些段落只是相對獨
立的擴散組合。

　　然而，有一點是清楚的：整數號碼的段
落表明一個單元的中心思想，書中共有七個
這樣的段落，將全書分為七個單元。它們
是：

　　1. 「世界是一切發生的事情。」（T1）
　　　①

　　2. 「發生的事情──事實──是事態的
　　　存在。」（T2）

　　3. 「事實的邏輯圖式即是思想。」
　　　（T3）

　　4. 「思想是有意義的命題。」（T4）

　　5. 「基本命題是命題的真值函項。」
　　　（T5）

　　6. 「真值函項的普遍形式……就是命題
　　　的普遍形式。」（T6）

　　7. 「對於不可說的東西，必須保持沈

默。」（T7）

　　這七個單元可以被合併爲四個部分：第一部分說明世界的邏輯結構；第二部分說明語言與世界之間的對應關係；第三部分決定語言和世界的界限；第四部分討論在此界限之外的神秘領域。我們將看到，這四部分內容旣有對事實、思維、語言、知識和科學的明晰的邏輯分析，又有關於世界、自我、宗敎、人生和哲學奧妙的神秘箴言。在西方文化傳統中，理性主義是科學的基礎，神秘主義被當作宗敎和倫理的眞諦。《邏輯哲學論》將兩者奇妙地結合在一起；並且，這種結合是對語言進行邏輯分析必然導致的結果。從邏輯分析到神秘洞見是全書一以貫之的線索。以下各段且讓我們對這一思想脈絡作一疏理。

一、世界的邏輯結構

維根斯坦說：「邏輯是世界的一面鏡子。」（T6.13）世界雖由千差萬別、千變萬化的事物組成，但這些事物都是按照符合它們內在屬性的方式結合在一起。邏輯所反映的不是事物的具體形態、特殊性質和變化狀態，而是事物之間的必然聯繫，所有事物必然聯繫的總和，也就是世界的邏輯結構。正是在此意義上，可以說邏輯是世界的一面鏡子。

邏輯所揭示的世界結構，不同於自然科學所描述的自然規律。每一門科學所研究的規律只適用於一定範圍內的事物，事物之間的邏輯結構却是普遍適用、整齊劃一的。再者，自然規律揭示的是事物之間的因果關係，因果關係不管在經驗中出現的概率何等

之高，仍然是偶然關係，總會有例外事件發生。邏輯關係却是必然關係，所謂邏輯必然性是指一切可能性或不可能性之總和，不容許可能或不可能的例外。因此可以看出邏輯和自然科學的另一區別：自然科學的命題和規律依賴經驗的發現和證實。但我們却無需依靠經驗來發現和證實邏輯命題和規律。這是因爲，我們的經驗總是符合一定的邏輯規律，違背邏輯的東西不可能成爲經驗對象。維根斯坦甚至說，即使上帝也不能違反邏輯規律來創造世界（T3.031）。在我們的思想中，一事物總是和其它事物聯繫在一起的，孤立存在的事物是不可想像的。只要我們具有正常的思維能力，我們就必定會把握事物之間的邏輯聯繫。在此意義上，事物之間的邏輯聯繫是先天的。所謂先天，即先於經驗之意。總之，世界的邏輯結構具有普遍性、必然性和總和性。

雖然邏輯研究對象與自然科學研究對象有上述種種不同，但是，對世界的邏輯分析

却與科學的分析方法有類似之處。比如，物理學家把物質世界分析爲一個個可見的物體，再把物體分析爲原子，最後把原子分析爲基本粒子。同樣，對世界的邏輯分析也可分成三個步驟：首先把世界分析爲事件的總和，再把一個事件分析爲原子事件的組合，最後把原子事件分析爲簡單客體的系列。當然，邏輯分析和物理分析的相似之處只是一種類比，兩者的差別是十分顯著的。物理分析是一種實驗方法，需要借助實驗儀器，以觀察數據爲依據，並用數字方式描述物質模型。邏輯分析則不然，它按邏輯推理的必然性推演，並不借助經驗觀察，但需要陳述實在的命題作爲分析對象和依據，因爲邏輯畢竟由語言體現，但邏輯分析結果由邏輯符號和邏輯命題表示。我們在這裡已對邏輯分析的層次和特徵作了一些原則上的說明。下面，讓我們看一看維根斯坦如何逐層分析世界的邏輯結構。

㈠世界是事實的總和，而不是事物的總和（T1.

1）

　　理解這句話的關鍵是了解事實（fact）
和事物（thing）的區別。把世界看作事物的
總和，是一種常識的觀點；把世界看作事實
的總和，則是一種邏輯的觀點。

　　爲了理解這兩種觀點的不同，有必要回
顧一下羅素的摹狀詞理論。按照常識觀點，
世界由各類事物組成，每一類事物的名稱即
通名，如「人」、「馬」、「桌子」等等；
一類事物由衆多個別事物組成，每一個事物
的名稱即專名，如「關羽」、「赤兔馬」等
等。羅素於1905年發表題爲〈論指稱〉（*On
Denoting*）的論文，提出了關於日常名稱的
邏輯分析觀點。他認爲，每一個名稱都是一
個摹狀詞（description）。所謂摹狀詞，就是
對事物性質、存在或狀態加以描述的詞組。
羅素進一步指出，每一個通名實際上是一個
不定摹狀詞，每一個專名實際上是一個限定
摹狀詞，兩者分別用不定冠詞a和定冠詞the
加以區分。比如，「桌子」這一通名可被分

析爲描述如此這般形狀，具有如此這般顏
色、硬度或用途的東西的詞組，這一詞組並
不特指某一張桌子，所以帶有不定冠詞，因
而是一個不定摹狀詞。再如，「亞里斯多
德」這個專名可被分析爲描述一個特定歷史
人物存在狀態（如「柏拉圖的學生、亞歷山
大大帝的老師、《形而上學》的作者」）的
詞組，這一詞組特指一個人，帶有定冠詞，
因而是一個限定摹狀詞。羅素著重分析限定
摹狀詞，指出限定摹狀詞蘊含著一個存在命
題。比如，「當今的法國國王」這一限定摹
狀詞的意思是，「存在並只存在著這樣一個
人，他是當今的法國國王」。這顯然是一個
錯誤命題，由此可以解決對名稱本身不能作
肯定或否定判斷而造成的悖論。

　　羅素的摹狀詞理論對於分析哲學的發展
具有里程碑意義，堪稱對日常語言進行邏輯
分析的典範。維根斯坦深受這一理論的影
響，並進一步從本體論的高度認識摹狀詞的
意義，這大概正是他區別「事實」和「事

物」的依據。

　　維根斯坦雖然沒有進一步解釋區分兩者的理由，但我們可以設想他是這樣推論的：既然每一名稱的意義在於對事物的性質、存在或狀態進行描述，那麼，一事物的名稱實際上並不代表該事物，而只是對該事物具有如此這般性質、處於如此這般狀態這一事實加以描述。也就是說，把日常名稱歸結為摹狀詞的本體論意義就是把日常事物歸結為事實。從邏輯的觀點看，我們平常所說的「桌子」這類事物不過是這種東西具有如此這般形狀、性質或用途這一事實，我們平常所說的「張三」、「李四」等不過是這一個人如此這般存在著這一事實。這就是為什麼可以說世界不是事物總和，而是事實總和的理由所在。

㈡所發生的事情──事實──乃是事態的存在（T2）

　　在邏輯分析的第二層次，一個事實進一步被分析為一些事態。「事態」的德文原文

爲Sachverhalt，指構成事實之要素。英譯者
最初徵得維根斯坦同意，將其譯爲atomic
fact（原子事實）。後來的英譯者發現，「原
子事實」是羅素常用的概念，常指經驗要
素，這未必是維根斯坦的原意，因此將其改
譯爲state of affairs，現已成爲通行譯法。
我們將其譯作「事態」，意在說明，構成一
個事實的要素爲該事實所處的衆多狀態。比
如，「桌子存在」這一事實可被進一步分析
爲桌子在某一空間位置的存在狀態，在不同
時間的存在狀態，其顏色、硬度等性質的存
在狀態等等。這些狀態的集合便構成「桌子
存在」的事實。總之，構成一事實之狀態即
我們所說的「事態」。

　　將事實分析爲事態（或原子事實），與
將事物分析爲原子的物理分析，同樣是兩種
性質根本不同的分析方法。如前所述，邏輯
分析的理由是語言意義分析。維根斯坦本人
雖然沒有提出這方面的理由，但我們可以根
據當時分析哲學家視爲理所當然的一些流行

觀念,將這種理由補足如下。

首先,按羅素的摹狀詞理論,每一摹狀詞都蘊含著幾個命題。他曾以「當今的法國國王是禿子」為例,將其分析為三個命題的組合:「當今存在著法國國王這樣一個人」,並且,「這樣一個人是唯一的」,並且,「這一個人是禿子」。羅素的分析導致這樣一個結果,即,把摹狀詞意義當作幾個更基本的命題的集合,或者說,把日常名稱(它可被歸結為摹狀詞)的意義當作命題的濃縮。我們已經知道,日常名稱的意義實際上表示一件事實,那麼,日常名稱意義所蘊含的幾個命題當然也應表示這一事實的幾個構成要素。我們於是順理成章地引申出這樣的結論:一件通常看作是簡單的事實實際上包含著一些複合要素,這些要素即我們所說的事態。

其次,從邏輯的觀點看,日常語言中一些特殊命題實際上是可被繼續分析的一般命題。如前所述,「這是一張桌子」實際上可

被分析爲陳述桌子存在狀態（如形狀、顏
色、硬度、持久性等）的諸多命題。再如，
設想一位老師有十位學生，他在上課前說：
「今天有一位學生缺席」。這一命題可被分
析爲：「或者趙大缺席，或者錢二缺席，
……或者張十缺席」。我們知道，日常的特
殊命題陳述的是一件事實，既然這個特殊命
題可被繼續分析爲一些更基本的命題，那
麼，相應的事實同樣可被繼續分析爲一些更
基本的要素，即事態。

　　以上所說的這些，即是將事實分析爲事
態的一些主要理由。

㈢一個事態（事物之狀態）乃是一些客體（事
物）之組合（T2 .01）

　　這裡需要注意的是，引文所說的「客
體」（object）和「事物」（thing）並非日
常意義上的客體和事物。日常客體和事物都
是可以繼續分析的，而這裡所說的客體和事
物，特指在邏輯上不能再繼續分析的對象，
其確切涵義是「簡單客體」（simple

object）或「簡單事物」。

於是我們達到邏輯分析的第三層次，這是最後的層次。在此層次，一個事態被分析為邏輯分析的終極單元——簡單客體。

毋庸贅言，簡單客體不可與物理學研究的基本粒子相混淆。物理分析不管達到多麼基本的粒子，這些粒子在邏輯上仍然是繼續可分的，雖然在實驗中已不可再分，但我們仍可設想它們繼續可分的邏輯可能性。中國古語說：「一尺之棰，日取其半，萬世不竭。」雖然我們在現實中並不能照這句話去行事，但我們却不能不承認，這句話並不包含邏輯矛盾，它在邏輯上是可能的。簡單客體却不然，它在邏輯上是不可分的。或者說，簡單客體的可分性將引起邏輯上的矛盾。這是什麼樣的邏輯矛盾呢？

對此，維根斯坦的回答是：

「2.021　客體是構成世界的實體。這就是它們不能是複合的原

因。」

　　「2.0211　如果世界上沒有實
體，那麼，一個命題是否有意義，將
取決於另一命題是否爲眞。」

　　「2.0212　在此情況下，我們將
不能描述任何關於世界的圖式（正
確的或錯誤的）。」

維根斯坦的這幾段話，實際上構成以下
的推理：

　1.大前提：如果客體是複合的，那麼我
　　們將不會有關於世界的圖式。
　2.小前提：我們確實有關於世界的正確
　　的或錯誤的圖式。
　3.結論：客體不可能是複合的。

　　這就是說，不管正確與否，我們的語言
可以描述世界，這是語言的基本邏輯功能；
而簡單客體的可分性將與這一基本邏輯功能
相矛盾；因而，簡單客體在邏輯上是不可分

的。

我們還可以看到，維根斯坦完全基於語言意義分析方面的理由，論證「實體（客體）是簡單的」這一古老的本體論命題。我們可以將他的理由複述如下。

語言的意義在於描述世界。如果世界上所有客體或事物都是複合的，那麼，這些客體或事物的名稱都將是摹狀詞，可被分析為一些命題的集合；而這些命題所包含的名稱也將是複合的，又可被分析為另一些命題，如此分析，沒有止境。就是說，一個命題的意義將取決於另一命題是否為真，但如果每一命題都可被無止境地分析下去，我們將永遠達不到一個真命題。其結果必然是：任何命題的意義都將不能確定，我們沒有關於世界的任何圖式。這顯然是荒謬的。因此，我們必須設定存在著簡單客體（實體），關於它們的名稱是不可再分如語言單位，以這些簡單名稱為要素的命題不可再被分析，這些命題直接陳述關於客體的事實，因而是真命

題。正是這些命題賦予其它可被分析的命題
以意義，滿足了語言撰述世界的基本邏輯功
能。

㈣**短評**

　　像維根斯坦那樣把日常事實分析為原子
事實（事態），再把原子事實分析為邏輯實
體（簡單客體）的邏輯分析立場，通常被稱
作邏輯原子主義。但是，維根斯坦本人卻沒
有給自己的思想貼上什麼「主義」的標籤。
「邏輯原子主義」是羅素於1918年所作的
「關於邏輯原子主義哲學」的講演中首次提
出來的。羅素在這篇講演開宗明義地說，本
次講演所要解釋的觀點是：「我從我的朋友
和以前的學生路德維希・維根斯坦那裡學到
的」。②雖然羅素講演早於維根斯坦的《邏
輯哲學論》發表，但由於羅素在此之前已經
熟悉了《邏輯哲學論》的觀點，因此，我們
有理由把維根斯坦看作邏輯原子主義的開創
者之一。《邏輯哲學論》開端對世界的邏輯
結構所作的分析，提供了一個完備而又嚴密

的邏輯原子主義的世界觀。

邏輯原子主義的世界觀旣不同於希臘哲
學的原子論，也不同於經驗主義的感覺材料
學說。它所強調的是邏輯思維的必然性和語
言意義分析所提供的理由，把經驗感覺對象
排除在研究範圍之外。邏輯原子主義的另一
特點是運用數理邏輯手段，把邏輯原子的結
構用邏輯函項表示出來。這種表達方式把邏
輯原子主義的世界觀和語言觀聯繫起來，使
兩者成爲一個問題的兩個方面。兩者相互對
應，相互依存。邏輯原子主義世界觀是邏輯
語言分析方法的本體論基礎，對語言的邏輯
分析又反過來爲這種世界觀提供精確的論證
和表達。兩者相輔相成，互爲表裡。《邏輯
哲學論》主體即由這兩方面構成。維根斯坦
在勾劃出世界的邏輯結構之後，立即轉入對
語言的邏輯分析，用以發展邏輯原子主義世
界觀和語言觀相統一的思想。他的圖式論正
是一座在世界與語言之間的橋樑。

二、語言是世界的圖式

　　維根斯坦認為，語言是世界的圖式，而
每一命題又是描述一個事實的圖式。語言是
一個由無數小圖式按照邏輯結構組合而成的
大圖式。維根斯坦曾經告訴別人，他把語言
看作是圖式的思想，是由於一個偶然的機會
而萌發的。第一次世界大戰期間，他在東方
戰線的戰壕裡看到一本雜誌，上面說巴黎法
院在裁決汽車事故時，常用玩具擺出事故前
後可能會發生的一系列事件的模型。維根斯
坦突然想到這個模型所引起的作用如同命題
一樣，它描述了可能發生的事件。他進而想
到，每個命題的內容都是一個反映現實事件
的模型。

　　後來他把命題比作圖式。因為圖式可以
形象地解釋語言與現實的關係。一個圖式之

所以能夠描述一種現象，起碼滿足了兩個條件。

　　第一，圖畫的每個組成部分和外界現象的每一組成部分有一一對應的關係。這種部分與部分相對應的關係被維根斯坦稱爲圖式關係（pictorial relationship）。維根斯坦說：「圖式關係即存在於圖式的要素與事物的對應之中。」（T.2.1514）「這些對應關係實際上是圖式聯繫現實的觸角。」（T.2.1515）

　　第二，聯結圖式各個組成部分的結構方式必須和聯結被描繪的現象的結構相一致。這種在圖式和現實中保持一致的結構被稱之爲圖式的形式（pictorial form）。圖式和現實的一致是形式上的一致。比如：一張圖畫中的事物可以在顏色、光線、形狀大小、空間比例等方面和現實中的事物相似。但是，並不是每一張圖畫都具有對現實維妙維肖的摹寫。摹寫所要求的是圖畫和被描繪物兩者具有相同或相似的可感性質。但是圖式描述

事物的方式不是摹寫，從邏輯的角度來看，運用什麼樣的可感材料來描繪現實是偶然的。比如，油彩、水墨、鉛筆等可以作出反映現實的圖畫。在排除了所有的偶然因素之後，一張圖畫只是一張結構圖。這個結構圖就是維根斯坦所說的圖式的意思。圖式就是一些符號按照一定的比例排列起來用來描述現實事實的反映形式。這些符號本身並不一定要和現實中的事實具有同樣的可感性質。

維根斯坦強調，圖式的本質特徵是其邏輯特徵。事實的空間關係在圖式中可以用邏輯符號來表示。他所作出的「所有的圖式都是邏輯的圖式」的結論是《邏輯哲學論》的中心論點之一。按照這一觀點，我們可以把人類多種多樣、千差萬別的反映形式都歸結為邏輯結構圖式來研究。

維根斯坦承認圖式的多樣性，錄音機的聲音、音樂、繪畫、符號都是圖式。在各種形式的圖式中他所關心的是語言。說語言是現實的圖式。這對中國人來說並不難以理

解，因爲漢字具有象形的圖畫功能。但對於拼音文字來說，這却是一個難題！在用字母拼寫出來的詞句和它們所表述的事實之間很難發現有什麼相似之處。

維根斯坦用邏輯圖式的概念回答了語言如何能夠反映現實這一問題。語言是透過命題來描述事實的，每一個命題都是一個事實的圖式，這是因爲：

1. 構成命題的語言符號和構成事實的要素有著一一對應的關係，或者說，在兩者之間存在著圖式關係。

2. 語言符號在命題中與構成事實的要素具有同樣的邏輯結構，或者說，兩者具有相同的圖式形式。現在的問題是，我們必須確實：組成事實的要素是什麼？和它對應的語言符號又應當是什麼？命題和事實相同的邏輯結構是什麼？只有弄明白了這些問題，我們才能深入、具體地理解圖式論。

　　在上一節中，我們已經說明了維根斯坦
對於事實的結構所作的邏輯分析。根據圖式
論的命題必須要和事實是有相應的組成部分
和相同的邏輯結構的原則，以下兩個推論是
必然的。

　　第一，既然每一事實都是由一系列的原
子事實所組成的，那麼，描述一個事實的命
題也應該由同樣數量的一系列語言單位所組
成。每一個這樣的語言單位和一個原子事實
相對應，並描述著這一原子事實。維根斯坦
把這樣的語言單位稱之為基本命題（ele-
mentary proposition）。其之所以基本，因
為它們是組成一個命題的基本單位，如同原
子事實是組成一個事實的基本單位一樣。

　　第二，基本命題是在一定的邏輯結構中
組成命題的。因為和它們相對應的原子事實
是按照特定的邏輯結構組成事實的。維根斯
坦把這種邏輯結構表達為數理邏輯中的真值
函項關係，並由此得出了一個重要的結論：
任何命題都可以透過邏輯分析歸結為基本命

題的真值函項。

維根斯坦透過圖式論建立了語言和現實的對應關係，現實世界是由事實、原子事實和簡單物體這樣三個層次組成的。語言也相應地包括了命題、基本命題和簡單名稱這樣

表2.1

對應項 層次	現實世界	語言	兩者關係
整體層次	世界是事實的總和(T.1.1)	語言是命題的總和(T.4.001)	正確的思想的總和是世界間一幅圖畫(T.3.01)
具體層次	一個事實是一些原子事實的存在狀態(T.2)	一個命題是基本命題的邏輯函項(T.5)	命題是現實的圖畫(T.4.01)
微觀層次	一個事實是簡單物體的組合(T.2.01)	一個基本命題是簡單姓名連貫式的排列(T.4.22)	一個基本命題肯定了一個原子事實的存在(T.4.21)

三個層次。他論證了在每一層次上語言都是現實的圖式。維根斯坦的論述可以用下面的表格來總結（見表2.1）。

三、語言的邏輯結構

維根斯坦所說的：「命題是基本命題的真值函項」的論點是《邏輯哲學論》中最重要、最富有創造性的觀點之一。要了解這一觀點，必須首先了解什麼是「真值函項」。真值函項這個概念，是弗萊格和羅素創立的。數學中的函數表示了兩個變量的關係。例如y＝f(x)這一公式說明了y是x的函數。在函數關係中，函數值y是由自變量x的值所規定的。對於x的每一定值，y都有一個值與之對應。把函數的概念從數學領域擴展到語言分析領域，弗萊格和羅素首先發現，一個命題的意義和其它命題的意義之間也存在著函

數關係，或者說，一個命題的正確與否是由
其它命題正確與否所決定的；這裡所說的命
題，包括用專門符號表示的邏輯命題、數學
命題，也包括用文字表示的日常語言中的命
題。

　　現在我們要討論的是如何把語言中的命
題歸結爲用邏輯符號來表示的基本命題的眞
值函項的問題。例如「今天班上有人缺席」
這樣一個命題可以被分析爲：「或者張三今
天缺席；或者李四今天缺席；或者王五今天
缺席……」這樣一些分命題。班上有著多少
人，就有多少這樣的分命題。顯然，總命題
正確的必要條件是班上至少要有一人缺席，
也就是說，至少有一分命題是正確的。如果
所有分命題都是錯誤的，也就等於說班上沒
有人缺席，這也就等於否定了總命題。總的
來說，如果一分命題A的意義（正確或者錯
誤）取決於命題B的意義，那麼A就是B的眞
值函項。正如在數學中，如果y的值是由x的
值來決定的，y就是x的函數一樣。在眞值函

項中，B可以是A的分命題，也可以是與A具
有相同或相反意義的命題。眞値函項關係是
多種多樣的，但最基本的有：合取、析取、
否定、蘊含、等値等。在數理邏輯中，這些
關係由下列符號表示：

　　1.合取（或結合）：「‧」或者「∧」，
　　　相當於日常語言中「和」、「以
　　　及」、「並且」等表示並列關係的連
　　　接詞。
　　2.析取（或選言）：「∨」，相當於日常
　　　語言中「或者」、「不是……就是」
　　　等表示選擇關係的連詞。
　　3.否定：「～」，相當於否定詞。
　　4.蘊含：「ɔ」或者「→」，相當於日
　　　常語言中「如果……那麼」、「旣然
　　　……那麼」等關連詞。
　　5.等値：「≡」，相當於日常語言中的
　　　「等於」、「相同」等詞。

　　運用邏輯符號，我們可以對一個命題進

行眞值函項的運算，以下略舉幾例：

　　例一，「我們兩人都出席了會議」，可以被分析爲兩個分命題：「我出席了會議」、「他出席了會議」，兩個分命題之間的關係是合取關係。如果總命題由符號p來表示，兩個分命題分別由q和r來表示，那麼，p≡q∧r，要使p正確，q和r必須同時正確；q和r中只要有一個是錯誤的，p就是錯誤的。

　　例二，「我們兩人中只有一人出席了會議」，這一個命題的眞值函項是具有析取關係的兩個分命題，即p≡q∨r。只要q和r中有一個是正確的，p就是正確的；只有在q和r都是錯誤的條件下，p才是錯誤的。

　　例三，在例二中，如果我補充說明，「我出席了會議，他沒有去」，這個命題的眞值函項是否定關係，即q≡～r；如果q是正確的，r就是錯誤的；如果q是錯誤的，r就是正確的。

　　蘊含關係比較複雜，在這裡就不舉例說明了。

　　弗萊格和羅素關於眞值函項的概念還侷限在數學和邏輯範圍內，他們所關心的主要還是數學以及邏輯命題之間的眞值函項關係，把眞值函項關係運用到日常語言的分析，則是維根斯坦的貢獻。他作出了這樣的貢獻，是因爲他發現了日常語言的命題可以毫無例外地被分析爲基本命題，因此可以進一步地被視爲基本命題的眞值函項。他是如何把命題分析爲眞值函項的呢？

　　首先，維根斯坦把命題的對象——事實定義爲一群原子事實存在或不存在的狀態。它們的存在狀態構成了正事實（positive fact）；它們的不存在狀態是負事實（negative fact）。每一個命題都是對一個事實（不管它是正事實還是負事實）的肯定或否定。

　　維根斯坦發現，一個事實存在和不存在的可能性的總和，只有與構成它的原子事實的數目有關。這是因爲，每個原子事實都有存在或不存在這兩種可能性；如果n個原子

事實組成一個事實，那麼，這個事實存在或不存在的可能性的總和等於2^n，也就是說，n個原子事實可以組成2^n個正事實和負事實。例如，兩個原子事實可以組成2^2（＝4）個正事實和負事實；三個原子事實可以組成2^3（＝8）個正事實和負事實。

至於在這些可能存在或不存在的事實中有n個是正事實，n個是負事實，這可以由不同的真值函項式來決定。維根斯坦發明一個方法，用基本命題的真值函項來表示一個事實存在和不存在的可能性。這就是數理邏輯中著名的真值函項表。

例一，如果三個原子事實以合取方式組成一個事實，並且這三個原子事實分別由基本命題p、q和r來陳述，那麼，它們組成的八個正、負事實可由下表來表示（見表2.2）。

圖中T表示正確（true），F表示錯誤（false），這個圖表列舉了三個基本命題以合取關係組合起來的全部可能性，在結果中我們可以看出，其真值函項是由一個正確命

表2.2

p	q	r	「∨」
T	T	T	T
T	T	F	F
T	F	T	F
T	F	F	F
F	T	T	F
F	T	F	F
F	F	T	F
F	F	F	F

題，七個錯誤命題所組成的（因為在合取關
係中，只有所有分命題都正確，其總命題才
正確）；或者說，三個原子事實可以合取方
式組成一個正事實和七個負事實。

　　例二，兩個原子事實以析取的方式組成
一個事實，該事實存在和不存在的可能性可
以用下列的真值函項表來說明（見表2.3）：

　　在 表2.3 中我們可以看出，在這種情況
下，我們可以得到三個正事實和一個負事實
（因為在析取關係中，只有所有分命題都是
錯誤的，其總命題才是錯誤的）。

表2.3

p	q	∨
T	T	T
T	F	T
F	T	T
F	F	F

　　維根斯坦把所有基本命題以不同邏輯函
數關係組成的全部可能性稱做邏輯空間
（logical space）。從眞值函項表中可以看
出，每一命題只是陳述多種可能性中的一種
可能性。陳述一命題就是在一個基本命題的
所有可能的組合中選擇一種組合。

　　如同禪語所說：「一粒米可現大千世
界」，我們也常說，一滴水可映太陽光輝。
一個命題所描述的是一個事實，但是它所顯
示的是這個事實存在和不存在的全部可能
性，並藉由這些可能性和整個世界的圖式相
聯結。這就是維根斯坦所說的「一個命題以
其邏輯框架構造一個世界」（T.4.023）的
意思，所謂邏輯框架，指的是眞值函項表中

所顯示的可能性，每個命題的真值函項表所包含的可能性的總和便是邏輯空間。命題的邏輯空間同時也是事實的邏輯空間；「邏輯空間中的事實便是世界」。（T.1.17）邏輯空間包含著正事實和負事實，但現實世界是由所有正事實構成的。因此，邏輯空間這一概念的外延大於世界這一概念的外延。現實存在的世界是邏輯空間中的一個世界。除了現實世界之外，邏輯空間中還有許多可能性的世界，這是我們在思維中可以想像出的世界。維根斯坦並不注重可能世界與現實世界的區別，因為兩者具有共同性：它們都可以用命題來陳述。自然科學的命題只描述正事實，因此是真命題。維根斯坦肯定的說：「真命題的總和就是自然科學的主體。」（T.4.11）

　　描述可能世界的命題是陳述負事實的假命題，但無論真命題還是假命題，都是有意義的命題，因為它們所陳述的都是在邏輯空間中可能存在的事實，維根斯坦所強調的具

有意義和無意義的命題之間的區分，在這
裡，他得出了具有深遠意義的反對傳統形而
上學的結論。他把傳統形而上學的命題當作
無意義的命題，因為這些命題沒有陳述任何
事實。它們所陳述的對象如「本體」、「終
極原因」、「自我」、「善惡」、「美醜」
等既不是正事實，也不是負事實，它們不存
在邏輯空間之中，是思維和語言所把握不住
的。

　　把形而上學的對象排除在邏輯空間之
外，並不意味著維根斯坦徹底否定了它們的
價值，其實他的意圖不過是要說明，形而上
學的對象雖然不存在邏輯空間之中，不再被
命題所陳述，不再被思維所認識，但它們的
價值並不在於它們存在或不存在的可能性，
我們不能認識它們的存在和屬性，但它們卻
撞擊著我們的心靈；使我們在內心中產生出
對世界和人生神秘的感情和直觀。在傳統哲
學和宗教學說中，人們往往把超自然、超人
間的力量當做神秘之物，但維根斯坦關於神

秘領域的概念却融合在「自我」、「意志」、「道德」等意識之中。神秘領域對他來說主要是倫理、審美以及價值的領域，是個人感情和意志的產物。邏輯空間和神秘境界的對立從某種意義上是思想理智與感情意志的對立。維根斯坦在《邏輯哲學論》中大談其邏輯，但在私下却對人說，他的書在本質上是本倫理學的書。我們可以這樣來理解他的目的：他不是為邏輯而研究邏輯的，他的思想歸宿是要找到一種生活觀和倫理觀，底下我們就來看看維根斯坦透過語言分析所得到的結論。

四、神秘主義之徑

　　維根斯坦在年輕時期，讀過十九世紀德國哲學家叔本華的書，受其影響較深。叔本華的哲學是唯意志論，強調意志高於理智，

世界萬物都是意志的不同的外在表現形式。
《邏輯哲學論》一書也存有意志論的痕跡。
維根斯坦在書中強調,意志是不受邏輯思維
制約,獨立於現實之外的。但和叔本華不同
的是,維根斯坦所談論的意志不是超越個
性、充斥於宇宙間的一種客觀的精神力量,
而是「自我」在語言中的化身。維根斯坦的
意志論是唯我論。他所談及的自我,也是有
特定涵義的。他說:「這個世界是我的世
界,其顯示在這樣的事實中;語言的界限,
即只有我能理解的語言的界限,意味著我的
世界的界限。」 (T.5.62)

所謂世界的界限,指的是邏輯空間。維
根斯坦推理過程是這樣的:既然邏輯空間是
命題的整體所規定的框架結構,既然命題的
整體是語言,既然語言的主體是人,那麼,
邏輯空間是由人所規定的。邏輯空間也是一
切可能發生的事實的區域,既然現實是一切
實際發生的事實的總和,人透過規定邏輯空
間限定了世界的界限。當然這裡所談的界限

是邏輯的界限，邏輯並不能規定自然科學發展的極限。維根斯坦並不反對說人認識世界的能力是無止境的，但認識無限的可能性在邏輯上却是可以限定的。邏輯的研究對象就是無限的可能性。不管人的認識發展到怎樣的高度，凡是人所能認識的必然是邏輯的可能性，已被邏輯判斷爲不可能的命題，從一開始就被排除在人的知識之外。因爲，人總不能認識自相矛盾的東西吧。

　　維根斯坦舉了一個例子，他說，一個可見的微粒不可能同時具有兩種顏色，這不是物理的必然性，而是邏輯的必然性。判斷一個微粒在同一時間內既是紅的又是綠的，是自相矛盾的。物理學家是不會爲否定這種判斷而大傷其神的。

　　維根斯坦說：「邏輯彌漫於世界。世界的界限也是邏輯的界限。」（T.5.61）在這裡，應該說明的是，邏輯空間的概念所限定的世界是人類所能認識的世界。但是，維根斯坦却把「自我世界」同自然科學和常識所

認識的公共世界聯繫在一起來討論。在他看
來，認識世界總是透過個體的思維活動來實
現的。每個人透過與他人的交流，獲得到世
界的共同認識。這些共同認識的積累便是自
然科學和常識。同時，每個人又會對生活、
對世界有自己的特殊體驗。這些體驗通常是
隱藏在心靈深處，是外人所觀察不到的，但
却可以在語言中透過「我」這個字表達出
來。維根斯坦據此說，「我就是我的世界
（微觀世界）」（T.5.63）。這種箴言般的
語言是很難理解的，根據我們的解釋，維根
斯坦的思想是這樣的：語言的界限就是命題
意義的界限。但是，每一命題都可以和「我
覺得」、「我相信」、「我想」這樣的說法
聯結在一起。這種聯結的可能性，說明了命
題所描述的事實是我可以體驗、觀察的世界
中的事實。所以，以「我」為主體的命題，
描寫了我所特有的世界。只有當我們在交流
中發現每個自我所體驗的世界都是相同的，
我們才省略了「我想」、「我相信」這樣的

說法。比如，如果我清清楚楚地看到一個紅
色的東西，我會毫不猶豫地說：「這是紅
的」，而通常不是說：「我想這是紅的」。
因為我確信這對每個視覺感官正常的人來說
都是紅的。相反地，如果我感到胃痛，我會
說：「我覺得胃痛」，而通常不是說「胃
痛」。因為我知道別人不能感覺到我的疼
痛，我的胃痛是一種他人不可涉足的，是我
所特有的世界中的一件事實。藉由分析
「我」這個字在語言中所起的作用，維根斯
坦認為，自我是語言的主體，也是限定這一
語言所描述的世界的主體。它自身不可能是
這個被限定的世界中的一個客體，也不是由
客體所構成的複合體。他用眼睛和視野之間
的關係來比喻自我和世界的關係。如圖2.1所
示：

　　眼睛所能見到的是視野中的事物，但却
不能看到它自己。同樣，自我可以觀察世界、
描述世界，却不能觀察、描述自身。所以維
根斯坦說：「主體不屬於世界，反之，它是

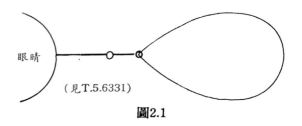

眼睛

（見T.5.6331）

圖2.1

世界的界限」。（T.5.632）或者更確切地
說，主體是它所理解的語言，所觀察的世界
的界限。

　　雖然我們的語言只能描述世界中的事
實，而不能描述世界的界限，更不能描述世
界界限之外的領域，我們的意志和感覺却向
我們昭示（show）了這一領域。按照西方哲
學的傳統說法，理智思維屬於尋求知識和真
理的能力，而對意志和感情的培養和薰陶却
是接近善和美的途徑，維根斯坦也把「真」
和「善」與「美」看作兩個不同領域；前者
屬於現實世界，後者是神秘境界。這是事實
與自我、理智與直覺、語言與顯現的對立。

支持這種對立的主要理由是：倫理學的原則、審美的感情和宗教的信仰等都不是語言可以描述和表達的。一種神秘的直覺却可以將它們在意志和感情中明白地顯現出來。比如，倫理原則告訴人們應該做什麼，不該做什麼。人們遵守這些規則並不是因爲希冀獎勵或懼怕懲罰，理智可以推斷出遵守或不遵守倫理原則的後果，語言可以把這些後果當作客觀事實來描述。但是，理智推理和語言表達都沒有把握住倫理原則的實質。人們的倫理行爲只服從意志的支配，意志不透過理智和語言直接把握住了倫理的原則。人們可以因爲行善而感到歡樂愉快，因爲作惡而惶恐不安，感情和意志已經向他們揭示了什麼是善和惡的意義，什麼是人生的價值。理智和語言在這裡不僅蒼白無力，而且也是多餘的累贅。在此意義上，維根斯坦說：「我們不能談意志是什麼，因爲它是倫理屬性的宿主。」　(T.6.423)

　　既然具有意志和感情的人總是現實世界

的人，感情和意志也不可能和世界絕緣。生活把兩者聯結在一起。維根斯坦說「世界和生活是同一的。」（T.5.621）又說「快樂之人的世界不同於不幸之人的世界。」（T.6.43）因為兩者對世界有著不同的感受，這種感受決定了他們對世界的不同理解，也決定了他們生活的不同意義。把握世界的意義就是洞察生活的價值。維根斯坦因而斷言：「世界的意義存在於世界之外。在世界裡的一切都是按照其本來面目而存在，而產生的：沒有價值存在於世界之中。」（T.6.41）

世界中的一切事實都排列在因果關係的鏈條之中，在那裡起作用的是鐵一般嚴格的邏輯法則。事實是不依賴人的意志和感情而存在、變化的。人的意志和感情却能賦予事實世界以不同的價值和意義。維根斯坦說：「把世界體會為一個有界的整體，這就是神秘所在。」（T.6.45）

他的神秘主義是對世界的結構進行邏輯

考察的結果。對語言的結構進行邏輯分析揭示出世界的邏輯結果；凡有結構的東西，都是可以限定的邏輯分析，最後在我們心中昇華爲一種把世界看作一個有界的整體的神秘感情。維根斯坦試圖說明，站在世界之外來體會世界，使我們不致於侷限在經驗事實之中，不致於沈溺於凡俗生活之中。中國古詩云：「不識廬山眞面目，只緣身在此山中」，維根斯坦也表達了同樣的意境：要把握住現實的價值，就要與之保持一定的距離。這大概就是他要區別現實世界和神秘領域的根本動機吧。

　　維根斯坦自己似乎意識到，在談及神秘主義的時候，他的觀點是難以自圓其說的。他說：「在哲學中正確的方法應當是只說可以說出的事物，即只說自然科學的命題——只說和哲學無關的事情，必須向他說明他的命題中的某些符號是沒有意義的。這樣做不會使他滿意，他覺察不到我們是在教他哲學。但嚴格說來，這是唯一正確的方法。」

(T.6.53)

維根斯坦並沒有遵循這樣的方法，他並沒有只說自然科學的命題，他寫下的是一本哲學的書，探索的是八千年來哲學家們津津樂道的形而上學的不朽題材：世界、形式、結構、界限、邏輯、思維、語言、自我、意志、眞理、價值、意義等等。按照他自己的標準，他表述這些題材的命題也應該是無意義的。維根斯坦並不否認這一點，他不無自我解嘲似地說：「任何了解我的人，終究要認識到我的命題是無意義的。這些命題只是他用來攀登的階梯，當他超越了這些階梯之後，他必須拋棄這個梯子。他必須超越這些命題，然後才能正確地看這個世界。」（T.6.54）

這本書沒有給人一個封閉的體系，它擺脫了任何教條式的結論，給人留下的是韻味未盡而又餘味無窮的思考。這也是《邏輯哲學論》具有不衰魅力的秘密，維根斯坦坦率地承認，在他的書中找不出不朽的眞理、生

命的眞諦、世界的奧妙。但他力圖找到一種
方法，指出一條方向，沿著這一方向，人們
可指望在神秘直覺中達到美妙的境界。他要
求人們必須要拋棄理智和語言的束縛。包括
《邏輯哲學論》中所表達的理智、所使用的
語言。

　　在歷史上，沒有一個哲學家是以如此坦
白的自我方式來結束自己的著作的。拉姆塞
（F. Ramsey）在評論這本書時說：「我們
必須如同維根斯坦那樣，認眞地而不是裝模
作樣地把哲學當作重要的和無意義的。」③

　　無意義的東西並不是無價值的。哲學中
無意義的命題，包括維根斯坦哲學中無意義
的命題，是不可少的，它們使人看到了有意
義的東西的價值來源和基礎。

　　但是，不可否認，《邏輯哲學論》是自
相矛盾的，這是因爲任何以哲學方式來表達
神秘主義的企圖是不可能逾越它自己設立的
障礙。維根斯坦試圖把神秘主義當作嚴密的
邏輯分析的歸宿，自然也不能擺脫困境。維

根斯坦容忍了這種性質的自相矛盾，後來的
評論家們也沒有苛求於他。神秘主義畢竟和
邏輯——語言分析沒有必然的聯繫，採用這
種方法並非只能通向神秘主義。羅素的邏輯
原子主義和卡納普的邏輯實證主義從維根斯
坦哲學中得到啓發，用類似分析的方法來論
證一種世界觀。但他們所得出的結論却是經
驗主義的，沒有一點神秘色彩。然而，使人
意料不到的是，當《邏輯哲學論》以其在邏
輯分析方面所作的貢獻而流傳開來之後，維
根斯坦却對此書作了更爲徹底和嚴厲的自我
批判。批評的鋒芒恰恰指向了人們認爲是該
書的精華部分——對語言的邏輯分析。維根
斯坦對他以前思想的批判標示著他的哲學發
生了根本的轉變。在下一章裡，我們將對他
後期的哲學作一介紹。

註釋

① 　T 為《邏 輯 哲 學 論》（*Tractatus Logico Philosophus*）縮語，後面數字指節數。

② *Russerl, Logic and Knowledge,* ed. by. R. C. Marsh, George Allen & Unwin, 1956, p.177.

③ F. P. Ramsey, *Foundation of Mathematics,* Routledge & Kegan Paul, 1971, p.283

第三章
後期思想《哲學研究》

　　《哲學研究》是維根斯坦後期哲學的代表作。在所有出版的維根斯坦後期所寫的著作中，只有這本書是他自己在生前計劃出版的。

　　自1936年起，他就著手寫作這本書。到1938年，完成了第一稿，這包括前言和188個條目組成的正文。但他覺得意猶未盡，沒有將書稿付印。1939至1943年期間，他進行關於數學基礎的哲學研究。直到1944年，他才繼續寫作這部著作，他把原有的條目擴充到421個條目，在1945年又寫了新的前言。這是書的第二稿。

　　但他仍然不滿足，1945年又增加了272個條目，總共693個條目，這是書的第一部分。書的第二部分寫於1946年至1949年，是他辭去教授職務之後在愛爾蘭寫成的。由14篇長短不一的文章組成。這本書在他逝世之後，由安斯康姆和雷斯編輯，於1951年付印的。這本書的出現，轟動了哲學界，它在英語世界鼓舞了一代哲學家，成為分析哲學的經典作

品。

　　維根斯坦在寫作這部書的過程中，作了大量的筆記。這本書的條目實際上是從這些筆記中篩選出來的。這些筆記中的其餘條目後來也被整理、編輯成書，如《關於數學基礎的評論》、《關於心理哲學的評論》、《片語》等。它們實際上並不是維根斯坦自己所計劃寫的獨立的著作。可以說，《哲學研究》是維根斯坦後期哲學的核心著作。他在後期所寫的其它筆記性的著作都是圍繞這本書而展開的。

　　《哲學研究》本身是由十餘年間所寫的筆記、手稿組成的，它不是一部系統的著作。它沒有系統的結構，也沒有系統的思想。每一個條目像是信手拈來的隨想錄。全書是由這些片斷綴合而成的，沒有章節的劃分和主題的提示。它不用嚴格的推理、論證，沒有明顯的結論。它的議論看起來也是漫無邊際、零散無章的。維根斯坦在其中用了大量篇幅分析「我感到疼痛」這樣的句子的意

義，解決「什麼叫看書」這樣的問題。反問
「狗爲什麼不會說謊？」「爲什麼椅子不會
思維？」他的意思完全是透過運用語言的實
例來表達的。

　　他所用的事例，包括最初學會語言的原
始人、正在學算術的小學生、裝在匣子裡的
甲蟲、沒有摩擦力的理想機器、太陽上的時
間、處在回憶和期待狀態中的狗、似兔似鴨
的圖畫等等。

　　正如他在前言中所說，這本書是他在哲
學領域長期漫遊的途中所作的一組風景畫，
或者說，這本書實際上只是一本相簿。（PI.
P.Ⅶ）維根斯坦有意識地採用了這種獨特的
寫作方法，他說：「我所說的一切都是瑣碎
的、容易理解的。但是要理解我爲什麼要這
樣說，却是很困難的。」事實也是如此，他
的著作和其它哲學經典著作不同，它的難度
不在於語言晦澀、推理繁瑣、涵義深奧；相
反地，他的書全部是用通俗的日常語言寫成
的，沒有用多少哲學概念和嚴格的推理證

明。每個條目的意義平易近人，但讀者往往
不能抓住這些條目的要領，它們在上下文中
的關係、乃至全書的結構。

　　維根斯坦在前言中開宗明義地宣稱，該
書所涉及的主題是意義、理解力、命題、邏
輯、數學的基礎、意識的狀態。（PI.P.Ⅶ）
這些都是哲學家們經常談論的題目，但維根
斯坦用了特有的方式來說明這些問題，這使
得人們很難看出他的條目是如何圍繞這些主
題來提出和解決問題的。維根斯坦提示說，
這本書只有和他以前的思維方式相對照，才
能被正確地理解。（PI.P.Ⅷ）這不僅僅是兩
者之間在內容上的對照，也是表達方式上的
對照。

　　《邏輯哲學論》的主要任務是揭示語言
和世界所共有的邏輯結構，因此，它需要用
明晰的語言和邏輯概念來闡述這種邏輯結
構。《哲學研究》所分析的是常規語言的意
義，他所借用的表達方式也不應異於日常語
言。維根斯坦深信：深刻的道理不需要用邏

輯推理的方式來揭示，它就寓於日常語言的實際運用過程中。因此，他利用描述日常語言一個個用法來說明詞語的意義、感覺、感情和思維的性質，現實事物的本質以及語言現實和思想之間的關係。

這種透過分析語言用法來說明哲學概念和原理的方法，就好似透過案例分析來註解法律學，透過病例分析來教授醫學一樣，表面上看起來瑣碎、無系統，實際上是深入淺出、寫深刻於平凡之中的一種表達方式。讀者在閱讀此書時就好像在和作者本人直接對話。作者不時站在讀者的立場上提出疑問以及反詰，然後以解答問題的方式來表達自己的觀點。

在歷史上，柏拉圖曾用這種一問一答的方法寫作了優美的對話篇，他把這種透過雙方對話、反覆詰難、不斷揭露對方觀點中的矛盾的方法，歸於他的老師，稱之爲「蘇格拉底方法」。維根斯坦的目的和柏拉圖不同，他不是想透過對話來建立一般概念和理

論；而是透過揭示傳統哲學問題的錯誤和混亂來消除哲學問題，破除哲學家對日常語言的偏見和歪曲，恢復語言的本來面目。下面，我們圍繞維根斯坦消除哲學問題的幾個專題，來介紹《哲學研究》的主要思想。

一、「語言——遊戲」說

　　我們已經知道，維根斯坦的主要目的是要消除傳統哲學對語言的誤解。他在哲學家們對語言本質的眾說紛紜中的觀點中，選擇了一種他認爲最具有代表性的觀點。這就是公元前四世紀的基督教神學家和哲學家聖奧古斯丁關於語言的論述。

　　《哲學研究》一開始就引用了奧古斯丁在《懺悔錄》中的一段話：「當長輩們說出一個事物的名稱來做一件事的時候，我因此而悟解到：當人們指示這件事的時候，他們

用某種聲音來稱呼它。人們的意圖由它們身體的動作顯示出來。所有人的自然語言，是他們的面部表情、眼睛神態、身體各部位的動作，以及表達他們期待、滿意、反對或迴避的心情和態度的聲調。因此，當我知道某些詞語被反覆地運用在不同句子中，我逐漸理解了這些詞語所代表的事物。並且，當我學會說出這些符號之後，我也用它們來表達自己的意見。」（PI.1）①

維根斯坦對這段話的評論是畫龍點睛之筆。他說：「以上這些話給了我們一幅關於語言的本質的特別的圖畫。根據這幅圖畫，語言中的每個詞都是事物的名稱，句子是這些名稱的組合。在這一關於語言的圖畫中，我們找到了下列思想的根源：每個詞都具有意義，這個意義和這個詞具有對應關係，一個事物就是這個詞所表示的意義。」（PI.1）

維根斯坦並非說這幅圖畫是完全錯誤的，它確實適用於語言的部分狀況，對於一

部分詞語來說，它們確實是透過對應事物而
獲得意義的；維根斯坦所反對的是把這種部
分詞語意義的解釋當作對語言本質的理解。

　　顯而易見，語言中有相當大的一部分詞
彙，它們既不是事物的名稱，也不與事物具
有一一對應的關係。奧古斯丁圖畫是對語言
的一種狹隘見解，很多錯誤的哲學觀點都是
由於狹隘地理解語言而出現的。維根斯坦把
狹隘的圖畫當作禁錮思想的枷鎖。

　　現在我們可以知道，為什麼維根斯坦要
選擇奧古斯丁圖畫作為自己首要的攻擊目
標，奧古斯丁所表達的關於語言本質的觀點
正是產生邏輯原子論的前提。

　　維根斯坦早期認為，語言和世界的對應
關係只有在邏輯分析的最後層次才能被證
實，它歸根到底是簡單名稱和簡單物體的一
一對應關係。這種把語言本質歸結為事物和
詞彙的對應關係的狹隘觀點，雖然借奧古斯
丁之口說出，它實際上代表了哲學家思維方
式的一種普遍傾向，只不過有些哲學家明白

地表達了這種觀點，有些哲學家只在其理論中暗示這一傾向罷了。

因此，對奧古斯丁圖畫的批判，是維根斯坦消除哲學問題，特別是消除他早期所持的邏輯原子論所造成的問題的一個重要步驟。他用來反對奧古斯丁圖畫的武器是他的「語言──遊戲」說。

「語言──遊戲」是一種把語言比作遊戲的譬喻。維根斯坦說，這一想法是偶然萌發的。他有在散步中思索問題的習慣，有一次，當他正在思考關於語言本質的時候，他經過一個足球場，看到人們正在興高采烈地踢足球，他猛然想到：人們運用語言的活動不也是一種遊戲嗎？但是，「語言──遊戲」說在維根斯坦哲學中的重要性已大大超過了它的譬喻意義，它是被當作一種對比的方法來運用的。

維根斯坦不時透過語言和遊戲的對比，揭示了語言用法的多樣性、伸縮性、變動性和實踐性。運用這種方法，維根斯坦把奧古

斯丁圖畫中所描繪的語言用法當作另一些語言遊戲。透過對比各種不同遊戲的特徵，我們就可以掌握各種語言用法以及它們之間的關係。爲了達到這種目的，維根斯坦設計了三種語言遊戲。

　　第一種語言遊戲可以稱作「五個紅蘋果」。維根斯坦設想，有一人拿著一張寫有「五個紅蘋果」的紙條到商店去買東西，售貨員接過條子後，首先拉開標有「蘋果」字樣的抽屜，然後再拿出一本指示各種顏色的樣本，翻到標有「紅色」那一頁，來對照抽屜中蘋果的顏色，最後再從1數到5，撿出五個紅蘋果。

　　在這個語言遊戲中，「五個」、「紅」、「蘋果」這三個詞有不同的用法，其中，「蘋果」是和名叫蘋果的事物相對應的，是該事物的名稱。

　　但是，「紅」這個詞所對應的却不是一個具體事物，而是一種顏色的樣品，如果在一個樣本上，有深淺不同的紅色樣品，如

「粉紅」、「赤紅」、「紫紅」等，那麼，和「紅」這個詞所對應的是一系列按照不同等級排列的一種顏色，和這個系列中樣品相似的顏色都符合所要求的蘋果的顏色。

「五個」所說明的是事物的數量，它是在計數的活動中，而不是在對應事物的活動中獲得其意義的。

這個語言遊戲說明，對不同詞的意義的理解是和不同的行為方式聯繫在一起的。為了理解「蘋果」這個詞，我們必須能夠指示出它所代表的事物；為了理解「紅」這個詞，我們必須具有比較不同顏色的能力；為了理解數量詞，我們得學會計數。

這三個詞分別體現了語言的「指稱」、「比較」和「計數」這三種功能。用詞來代表事物的名稱只是語言的指示功能。奧古斯丁圖畫把所有詞的意義都歸結為事物的名稱，這顯然是片面的。

但是，維根斯坦也承認，奧古斯丁是符合某些語言遊戲的。他於是設計了第二個語

言遊戲來說明在什麼條件和情況下，奧古斯丁圖畫是可行的。這個語言遊戲可以稱作「建築者」。

　　這是一個建築工人和他助手之間的語言交流，工人叫出一樣東西的名稱，助手就從建築材料中找出相應的東西遞給他。在這個語言遊戲中，建築者用名稱，如「磚」、「石板」、「支柱」、「衍條」，把各種事物區別開來。正因爲每個詞都是一件事物的名稱，他們才能用它來指示、分辨不同的事物。所以，維根斯坦承認：「我們可以說，奧古斯丁確實指出了一種主流的體系，只是這種體系並不能包括語言中的一切。」 (PI.3)

　　維根斯坦還進一步指出，在第二種語言遊戲的基礎上，我們可以構造出更加複雜一些的語言遊戲。在他設計的第三種語言遊戲中，事物的名稱被當作其它詞彙意義的基礎。奧古斯丁圖畫在這種語言遊戲中也是適用的。他設想，那個助手除了理解幾件建築材料的名稱之外，不知道其它詞彙的意義，

現在建築工人來教他助手理解他的指令。

建築工人指著一塊紅色的磚說：「d ──磚」，又指著一條紅色的支柱說：「d ──支柱」，如此反覆多次，助手明白符號d 代表紅色。同樣，建築工人指著三塊磚說： 「c──磚」，指著三塊石板說；「c──石 板」等等，助手也可能明白，符號c的意義是 數字3。

用同樣的方法，建築工人指著旁處，並 說：「磚──那裡」，同時把磚搬到手指 處；再說：「磚──這裡」，又把磚搬回原 處。經過訓練，助手即可知道詞「這裡」和 「那裡」所指示的地方。

在訓練的最後階段，建築工人發出「c ──d──磚──那裡」的指令，助手就會挑 出三塊紅色的磚頭，把它們搬到手指的方 向。

在這個語言遊戲中，表示顏色、數字和 地點的詞是和事物的名稱聯繫在一起使用 的。維根斯坦說，正是由於各個詞的意義之

間存在的密切聯繫，人們往往傾向於忽視了
它們之間的差別。在學習語言的最初階段，
人們往往是在掌握了一定數量的事物的名稱
之後，才進一步以這些名稱爲基礎來學習其
它詞的意義的。

　　這種現象培養了人們的一種思維習慣：
一提到詞的意義，人們首先想到事物的名
稱。哲學家們經過進一步的總結和概括，得
出了所有詞的意義毫無例外地存在於它們所
指示的事物之中的普遍結論。這就是奧古斯
丁圖畫的由來。把第三個語言遊戲同第一個
語言遊戲相比較，我們就會發覺，詞的意義
並非只存在於指示事物這一活動中，它也可
能表現爲比較、計數等活動，當然，這些活
動不是截然分開的。

　　人們可以從一種活動出發來從事另一種
活動。語言之所以有意義，首先是因爲它是
人們的一項行動。維根斯坦說：「我把語言
和行動交織在一起的整體，稱之爲語言
——遊戲。」（PI.7）在這裡，重要的是要認

識到和語言交織在一起的行動是多種多樣的，藉由名稱來指示事物只是其中的一種。

維根斯坦透過第三個語言——遊戲揭示了指示事物在學習語言過程中的重要性，但同時也揭示出誇大語言指示功能的錯誤根源。這就是把人們學習語言的一個重要途徑誇大為語言的基礎的錯誤。

按照這種錯誤的看法，直接指證定義（ostensive definition）是決定語言意義的基礎。所謂直接指證定義就是用直接指示事物的方式來定義一個名稱的方法。《聖經》創世紀中描寫了一個故事：上帝創造亞當、夏娃之後，又創造了各種動物。上帝把每個動物領到亞當面前，給它起名字，使亞當知道各個名稱代表一個怎樣的動物。上帝給動物命名的方式就是直接指證定義。

按照這個標準，一個名稱有沒有意義取決於它是否指示一個實際存在的事物。把這個名稱所命名的事物指示出來，是對這個名稱的定義之真實性最可靠的證明。奧古斯丁

已經描繪了直接指證定義的基本特徵：它是
一個人用手指著一個事物，同時發出一種聲
音，另一個理解這種聲音或符號代表著這個
事物的名稱的雙向交流過程。

　　維根斯坦反對把語言的全部意義歸結爲
指稱事物，也反對把語言的基礎歸結爲直接
指證定義的經驗過程。他說，直接指證定義
並不是脫離或超越語言的純粹經驗、觀察過
程，它本身就是一種語言遊戲，只有已經掌
握了這種語言遊戲規則的人，才能運用和理
解直接指證定義。

　　在奧古斯丁圖畫中，人們身體的動作
（包括面部表情及聲調）被當作全人類都能
理解的自然語言，也就是說，對於一個完全
不懂一種語言的人，我們可以用直接指證定
義的方法來教他這種語言。比如，對於一個
不懂中文的英國人，我用手指著一張桌子，
同時發出「桌子」這個詞的聲音，或者寫下
「桌子」這些字，這個英國人即會明白這個
聲音和字符和「table」具有同樣的意義。維

特根斯坦反駁說，手勢和聲音、符號的結合，並不能使一個完全不懂一種語言的人了解到這種語言的意義。如果我指著一張白紙，告訴他人：「這是紙。」那麼，對於一個不懂中文的人來說，他會誤認我是在教他顏色的名稱，以為我所指的是：「這是白色。」，或者在教他數字，拿一張紙當成數字「1」的一個例子。

事實上，我們可以用同樣的手勢來說明顏色、數字、形狀、重量，而不是說明一個事物；手勢可以用來強調我所講、所寫和所指的東西有關聯，但它本身並不能表達我的意圖。因此，要理解一個直接指證定義，雙方都要進入一種類似遊戲的狀態，在這個語言遊戲中，雙方都要就定義的對象達成默契。如果定義對象限定在事物名稱的範圍之內，那麼，我所指的是該事物的全部；如果雙方把定義的對象限定為顏色，那麼，我的手所指的就是事物的顏色，而與其形狀、大小、硬度、重量等其它性質無關。

　　毋庸諱言，這種默契在一定程度上取決
於人類的自然傾向。人在用手勢交流的時
候，可以很自然地猜測到對方的意圖。這在
運用直接指證定義時也是如此。當一個外族
人指著一樣東西，發出一種我所不理解的聲
音，我會很自然地首先想到他所說的是該東
西的名稱。同樣，我也傾向於選擇這樣的方
法來教別人理解事物的名稱。

　　當維根斯坦在指出直接指證定義的多樣
性和不確定性的時候，他並沒有因此而否定
人們會自然地傾向於把定義的對象限定在事
物名稱的範圍之內。他承認，直接指證定義
是一種常用的給事物的名稱下定義的方法。
但是，他又接著追問：為什麼我們有把事
物，而不是它的性質、數量與屬性放在第一
位來考慮的自然傾向呢？他的回答是：這是
因為在所有的語言遊戲中，我們最熟悉的是
指示事物名稱的語言遊戲。每個兒童是由長
輩這樣教會日常事物的名稱的，不同語言的
人們初次接觸時，也是用這種手段來學會理

解對方語言中關於名稱的詞彙的。

　　維根斯坦反對把一種我們熟悉的語言現
象誇大爲語言的本質的傾向。認爲直接指證
定義只是形形色色語言遊戲中的一種，與其
它語言遊戲相比，它的優越性只是在於我們
比較熟悉罷了。而我們熟悉的東西並不一定
就是最重要的或本質的東西。事實上，「語
言──遊戲」這個概念本身就排斥了把一種
遊戲看作是比其它遊戲更爲重要的觀念。

　　如同所有遊戲在人們生活中都具有同等
的重要地位，我們也必須把各種語言遊戲都
看作是同等重要的。在日常生活中，一種語
言遊戲不可替代另一個語言遊戲，也不能被
歸結爲另一種語言遊戲。它們都是日常語言
中必不可少的組成部分。

　　在這裡，我們接觸到了維根斯坦關於
「語言──遊戲」概念的實質。這一概念所
強調的是語言和日常生活的聯繫以及在生活
中運用語言的多樣性。他告訴我們：「語言
遊戲這個概念突出了這一事實的重要性，

即：運用語言是一種活動，是一種生活方
式。」讓我們想一想在下列例子中，語言遊
戲成果的多樣性吧！

> 下命令和執行命令
>
> 描述一事物的形狀或測定其大小
>
> 根據圖形的描繪來構造事物
>
> 報告一樁事件
>
> 思考一樁事件
>
> 構造並檢驗一個假說
>
> 用圖表來表示一項試驗的結果
>
> 構思一個故事，並將它說出來
>
> 遊戲行為
>
> 唱流行歌曲
>
> 猜謎語
>
> 開玩笑，講笑話
>
> 在代數練習中解一道題
>
> 把一種語言翻譯成另一種語言
>
> 提問、感謝、詛咒、問候、祈禱。
>
> （PI.23）

　　從維根斯坦所舉以上的十五種例子中，可以看出語言遊戲這個概念延伸到了人類生活的每一個角落，包括了人們日常生活中的各項活動。

　　人們常把語言比作工具，但維根斯坦却將語言行爲的多樣性比作一個工具箱，它包括錘子、鉗子、鋸子、螺絲起子、膠鍋、膠水、釘子、螺絲。他說：「詞的功能的差異性就好像是這些工具功能的差異性。」　(PI. 11)

　　如同所有工具都可以被容納在一個箱子裡，詞語的外表特徵也是相似的。它們都由少數字母和音素連貫而成的。維根斯坦又用另一個比喻來說明，這種外表上的相似性掩蓋了功能的差異性。他說，當我們走進一個火車頭的時候，我們看到很多或多或少相似的手柄。但是，這些手柄的功能却大相逕庭。引擎的曲柄可以不停地轉動，開關的手柄却靜止在「開」或「關」的位置上，車閘的手柄可以推前移後，而泵的手柄却上下跳動。

因此我們不能根據手柄的形狀來判斷它們的功能，同樣，也不能根據語言在表面特徵上的相似性，就否認它們在功能上的差異性。（PI.12）

根據語言遊戲的實踐性和多樣性，維根斯坦要求人們從動態的觀點來觀察語言的意義，他得出了一個具有深遠影響的結論：「在多數情況下，雖然不是在一切情況下，我們可以給『意義』這個詞下這樣一個定義：一個詞的意義就是它在語言中的用法。」（PI.43）後來的日常語言哲學家把這段話簡化爲「意義就是用法」這一口號。

這一口號雖然沒有精確地反映維根斯坦的思想，却抓住了他的意義觀的重點。它說明了一個詞語沒有一個固定不變的意義，它在語言中有多少用法，它就有多少種意義。這個道理看起來平常、淺顯，但是，它却突破了各種精巧、繁瑣的哲學理論。

《哲學研究》的基本方法就是用日常語言中的簡單事實來否證哲學中的問題和結

論。維根斯坦用「語言——遊戲」的意義觀推翻了把語言的意義歸結爲事物名稱的奧古斯丁圖畫，這已不只是在語言學領域中的一場爭論，維根斯坦所批判的實際上是西方哲學中一個淵源長遠的傳統。

自從亞里斯多德開始，「實體」便是形而上學中的一個中心概念；根據形而上學的實體論，世界中只有實體存在，其它的一切都是附屬於實體的屬性，而不是獨立的存在。不難看出，這種哲學理論和奧古斯丁圖畫有異曲同工之妙。根據後者，語言的意義來自詞語所代表的事物，詞語只有歸結爲事物的名稱才有意義。一旦奧古斯丁圖畫被拋棄，形而上學關於實體的概念和理論也就不攻自破了。

就維根斯坦自身而言，他在早期所持的邏輯原子論也是一種新的實體論，也是以每一個簡單符號指示一個簡單物體這樣的信念爲前提的，他的關於「意義就是用法」的論點也擊中了邏輯原子主義的要害。《哲學研

究》包含著對邏輯原子主義的意義理論，尤其是對「簡單物體」理論的深刻批判。在前一章中我們已作論述，在此不再重複。下面，我們來看看一個和「語言──遊戲」具有同等重要意義的譬喻：「家族相似」。

二、「家族相似」說

　　哲學家們雖然也承認語言現象的多樣性、複雜性和差異性，但他們總是企圖給語言下一個完整的定義，企圖在定義中把握住所有語言現象所共有的本質特徵。

　　維根斯坦先從工具談起，看看我們是否能夠給「工具」這個詞下一個普遍的定義。「設想有人說：『所有的工具都是用來修改東西的，比如，錘子改動了釘子的位置，鋸子改動了木板的形狀等等』──但是，尺規、膠水和釘子又修改了什麼呢？」（PI.

14)

語言可以比作是工具，它的功能與作用是不能用一個定義來概括的。維根斯坦用「語言──遊戲」的概念來說明語言現象的形形色色、不可限定的特徵。別人也許會埋怨他一再運用語言──遊戲這一概念，但卻沒有給這個概念下一個明確定義。

維根斯坦卻強調說，下定義的方法不適用語言遊戲。他說：「我不是在所有可能被稱之為語言的現象中製造出一個共同的東西，而是說，在這些現象中沒有一個能使我們用相同的詞語來概括的共同特徵。這些現象是以不同的方式聯繫在一起。正是由於這種或這些聯繫，我們把所有這些現象稱之為『語言』。」（PI.65）

他接著從遊戲的特點談起，我們把球類、棋類，乃至游泳、划艇、攀登、舞蹈、捉迷藏等活動，都籠而統之地稱為遊戲。

也許有人會從這一事實中得出一個結論：所有被稱為遊戲的活動一定有一個共同

的特徵，否則的話，我們不會給它們以一個名稱，根據這個先入為主的見解，我們人為地想出一個關於遊戲的定義，並把這個定義說成是對所有遊戲活動的本質的概括。

維根斯坦建議我們用觀察的方法來檢驗一下，看看是不是所有的遊戲活動都確實具有這個設想的本質。觀察的結果將會突破定義的內涵所規定的範圍。「你將看到，對所有遊戲來說，沒有什麼共同的東西，有的只是類似聯繫以及它們系列的排列。我們再三要求：不要想，但要看！」（PI.66）

「不要想，但要看！」已經成了常規語言哲學家們愛用的一句話。當然，這並不是要求只看不想，而是要求人們的思想內容必須符合語言的實際用法，如果我們觀察一下各種遊戲的特點，我們將發現它們之間存在著錯綜複雜、重疊交錯的類似性，但沒有一個所有遊戲都必須具備的共同特徵。現在我們假設遊戲可以分為六類，每類都具有四個特點，那麼，我們不妨用下列圖表來表示遊

表3.1

遊　戲	1	2	3	4	5	6
性質一	A	B	C	D	E	F
性質二	B	C	D	E	F	A
性質三	C	D	E	F	A	B
性質四	D	E	F	A	B	C

戲之間可能出現的類似關係（見表3.1）。②

　　在表中，我們可以看出，每個遊戲和其相鄰的另一遊戲都具有三個相同的特徵，但卻沒有一個特徵是這六類遊戲所共有的。維根斯坦因此總結出一個論點：「遊戲是一個複雜的重疊交錯的相似性的網絡；有時是整體的相似，有時是細節的相似。」（PI.66）

　　他把這種相似性稱之為「家族相似」。在一個家族中，每個成員都和另外的某些成員有相似的特徵，比如，在身高、相貌、膚色、身段髮型、性格、氣質以及其它各種遺傳特徵方面，同一家族的成員不是在這一

點，就是在那一點上彼此相似。但是，是不
是家族的所有成員都具有某一種共同的特徵
呢？如果我們用實際觀察的方法來對比，我
們將不大可能在幾代人中間找到一個人人都
具有的特點。但是，這個家族所有成員人都
冠以同樣的姓（family name）。受到這種
語言現象的迷惑，人們可能會宣稱，這個家
族一定有一個區別於其它家族的本質特徵，
否則的話，爲什麼我們要用不同的名稱來稱
呼這兩個家族呢？這種理由顯然是站不住腳
的。

　　但是，在日常語言中，當我們用一個相
同的概念來稱呼衆多的個體的時候，我們却
毫不懷疑，這些個體必須有一個本質特徵，
而概念的定義就是對這一本質特徵的描述。
維根斯坦提出「家族相似」這一概念，就是
爲了反對這種思維方式。

　　「家族相似」的概念和傳統邏輯中的
「種」和「屬」的概念是大相逕庭的。在傳
統的形式邏輯中，如果一些個體具有一個相

同的特徵，我們就可以根據這一特徵把這些個體事物歸於一個「屬」。如果一些屬具有一個相同特徵，我們又可以把這些屬歸於一個「種」。給一個事物下定義就是明確它的屬性。而屬性可以用「種＋屬差」的方法來確定，例如，人的種的特徵是「動物」，他區別於其它動物的屬性是理性，因此，亞里斯多德給人的標準定義是：「人是有理性的動物」。

　　維根斯坦所反對的是這種形式邏輯的認識方法。他要求在觀察的基礎上，透過對比來把握事物之間的類似關係。這就是「不要想，但要看」的真實涵義。可以說，「家族相似」的觀念改變了人們對概念性質和用途的理解。它要求人們不要用傳統形式邏輯中「種＋屬差」的方法來定義概念的內涵。它強調的是比較概念的外延的重要性。

　　觀察和對比的方法在個體事物之間雖然找不出一個共同的特徵，我們仍可以用一個概念來含蓋它們，這是因為在它們之間存在

著「家族相似」的關係。比如，在事物甲、乙、丙、丁之間，甲與乙相似，乙與丙相似，丙與丁相似；但甲不一定與丙、丁相似，乙不一定與丁相似；即使如此，由於它們之間存在的類似性具有重疊、傳遞關係，我們仍然能夠把它們當作一類事物，同屬一個概念的外延，也可以用同一名稱來稱呼它們。

根據同樣道理，一個種概念也不是對一組屬概念的一個共同特徵的概括，而是反映各類事物之間存在的「家族相似」的特徵。

「家族相似」和「語言——遊戲」是兩個相輔相成的概念。維根斯坦提出「語言——遊戲」說是為了反對把語言的多種功能和用途歸結為指示事物的單一化傾向，「家族相似」說的矛頭則指向對語言進行邏輯分析的形式化傾向。邏輯分析要求對概念作精確的表達和對其結構形式有整體把握。但「家族相似」却允許概念的模糊性，強調的是概念外延的個別性和多樣性。這兩者是一元化思維和多元化思維方式的對立。

維根斯坦主張按照日常語言的用法來思維，不要把和語言用法一樣繁多的思維形式融合在思辨的或邏輯的抽象模式之中。他說：「我們看到，所謂的『句子』和『語言』並不組成一個想像中的形式上的整體，而是一個或鬆或緊地聯結在一起的結構上的家族。」（PI.108）這是他反對以純粹邏輯結構為目標來分析語言所得出的結論。

「家族相似」不僅是一個批判性的概念，它也是分析日常概念的一種方法。維根斯坦用了幾個範例來顯示應當如何來理解概念的「家族相似」的特徵。

其一，關於數字的概念。維根斯坦問道：「各類數字組成了一個家族……為什麼我們把某樣東西稱作為『數字』呢？也許是因為它和幾樣迄今為止被稱之為『數字』的東西有著直接的關係的緣故吧。但我們也可以說，它和另外一些也被叫做『數字』的東西有著間接的關係。」（PI.67）

很顯然，正數和日常事物的數目有著直

接關係，也許有理數也有這種直接關係。但
是，無理數和虛數與日常的計數活動只有間
接關係，它們只能在數軸上，而不是透過事
物的數目表示出來的。

　　數字這個概念的外延包括整數與分數、
正數與負數、有理數與無理數、實數與虛數。
在這些類別的數字中，沒有一個共同的特
徵，但却與其對立面有相似性。如，有理數
和無理數都可以用分數來表示，但和虛數符
號$\sqrt{-1}$却沒有什麼共同性，在它們中間只有
家族相似的特點。並且，數字這個概念的外
延，沒有嚴格的界限，它是在人類思想發展
史中不斷伸展的，從正整數的概念發展到了
虛數的概念。

　　誰也不能否認，在將來歲月裡，人們會
把一些現在還沒有認識的現象也歸到數字概
念中，創造出一種新的數字來。由此可以看
出，我們不能給出一個關於數字的一般性的
定義，來對所有的數字作出本質性的描述。
我們的概念只是對現有的數字類型之間「家

族相似」關係的認識。

其二，人名。人名也是一種特殊的概念。這一概念所表達的不是一個人的特殊的本質，甚至也不是一個人的存在。維根斯坦以《聖經》中摩西這一歷史人物爲例做了說明。「摩西」這個名字可以被各種描述句子來定義。比如，「一個帶領以色列人越過荒野的人」、「一個生活在彼時彼地，並被叫作『摩西』的人」、「那個在兒童時期就被法老的女兒帶出尼羅河畔的人」等等。（PI. 79）但是，維根斯坦說，沒有一個定義描述了摩西的本質。這些描述甚至不能保證摩西這個人在歷史上確實存在。因爲，即使歷史學家考證出所有這些被描述的事實都不存在，人們仍然可以沿用「摩西」這個名稱概念來表達他們的信仰。

於是，維根斯坦說，我們把人名當作概念來使用，却不賦予它以固定的意義。也就是說，我們不給人名下一個確切的定義，而是用衆多的描述性句子來表示它的意義，毫

無疑問這些被描述的對象也只有「家族相似」的特徵，而無共同本質。

其三，關於事物名稱的概念。事物名稱所表示的是某一類事物的概念，通常被稱爲「共同概念」或「類概念」。語法學家則稱之爲「集合名詞」。維根斯坦却說，事物的名稱並不表示這類事物的共同特徵。他似乎想要驗證萊布尼茲的名稱「天下沒有兩片完全相同的樹葉」。他以「樹葉」這個概念爲例說明，有些樹葉在形狀上相似，有些在顏色上相似，有些在機能上相似。我們在談到「樹葉」這個名稱的同時，頭腦中也許會浮現出一片特殊的樹葉的形象，把這一概念具體化。但這一形象是模糊的，並不是對所有樹葉所具有的特徵的摹寫。

再者，事物的概念也不一定總是反映事物的存在狀態。我們在日常生活中經常借助概念來表達想像中的事物。即使是對常見的事物，我們也可以運用它們的名稱來表示自己的想像或幻覺。在這種情況下，事物和存

在不是運用事物名稱的前提。

因此，關於事物名稱的概念的意義，是由它在具體的語言環境中的用法規定的。我們不能制訂出一條規則，限定只有在指示事物存在，或者描述事物本質特徵的時候，這些名稱才賦予意義。維根斯坦指出，在我們日常語言中，一個明明白白的事實是：概念的運用不是被規則嚴格地規定了的。這一事實並不是什麼缺陷，而恰恰是日常概念的長處。有時候，在有些環境中，模糊的概念，或者概念的模糊用法正是我們所需要的。在某些領域、某些場合，我們則需要不同程度的精確概念來表達思想。

具體的生活和語言環境，而不是精確的規則，決定了我們應該如何運用概念。以這一觀點出發，維根斯坦更加深入地討論了遵守語言規則的問題。

三、「遵守規則」說

　　維根斯坦所說的「語言規則」，指的是
語言的各種用法所遵循的規則，它的涵義比
人們平常所說的「語言規則」要廣泛。有些
語句不一定符合語法，但它們在具體環境中
可以表達一定的意義，也是符合語言規則
的。

　　儘管語言的用法是繁多的，維根斯坦不
能不承認，使用語言是一種遵守規則的活
動。如果每個人都可以隨意使用語言，語言
將會變成一種不可理解的現象，利用語言來
進行交流也將不可能實現。因此，僅僅指出
語言用法的多樣性和流動性並不能說服那些
崇拜邏輯結構和單一本質的人。他們會反駁
說，既然語言的多種用法必須服從一定的規
則，要服從規則首先要理解規則。那麼人們

是如何理解規則的呢？通常有兩種意見。

第一種意見傾向於把理解意義當作心理過程，它是人們能夠運用語言的原因。

第二種意見傾向於把理解看作是邏輯思維的過程，它是對語言規則及其規定的意義的直接把握。

或者說，第一種傾向是從因果關係的角度來探討語言規則問題的，而後一種傾向把語言規則歸結爲邏輯規則。

在維根斯坦的早期哲學中，這兩種傾向都存在，尤以第二種傾向最明顯。現在，他否定了自己以前的觀點。他的自我批判構成了他討論遵守語言規則問題的兩個步驟。

首先，維根斯坦指出，理解不是脫離語言用法的心理過程。他聯繫計數和閱讀這兩種現象，說明了理解能力和語言運用的不可分割性。他首先列舉了一個小學生學計數的例子。教師要求學生寫出0到9的數字。如果學生在練習中偶然出了一些差錯，教師還可以糾正。但如果他完全不按照規則來計數，比

如說，他從2開始，教師就會認爲這個學生沒有理解能力，不堪受敎。由此可見，能不能在訓練和敎育的過程中學會按規則行事，是有沒有理解能力的標準。我們不能說，理解能力是一種心理過程，是原因；而按規則行事是外在表現，是結果。如果一個學生說，他覺得他已經理解了如何從0數到9，但他却不能背出他所理解的內容，敎師將不能肯定他是否眞正掌握了計數規則。

　　維根斯坦強調，計數過程是理解的標準，它並不是先於或獨立於這個過程的內在的心理過程。再者，在訓練過程中，敎師必須區別學生理解之後偶然犯的差錯和學生由於不懂規則而犯的錯誤。他必須規定一個界限，比如說，規定能夠以1數到257的學生是可以被信任的。在257之後，即使學生偶爾數錯了幾次，敎師也不把他們當作沒有理解計數規則的學生。

　　理解能力是根據人們在學習、訓練過程中所訂立的常規標準培養起來的。沒有人爲

的共同標準，也就是沒有正常意義上所說的
理解能力。這就說明了，理解力不是一種隱
藏在每個人內心的、不受社會與公共活動影
響的能力，它是一種可以按照規則行事的實
踐能力，首先是一種能夠運用語言的能力。

閱讀的過程也是這樣。每個稍有文化的
人都可閱讀，因為我們知道如何按照在學習
過程中已經掌握的發音、書寫的規則把文字
讀出來。

在維根斯坦看來，宣稱「我理解這件
事」和說「我知道怎樣做這件事」具有同樣
的意義。作為閱讀的原因的理解能力是透過
語言表達並且在語言行為中被檢驗和衡量的
社會現象，不是先於語言用法的、製造語言
規則的源泉。維根斯坦的結論是，我們應當
在具體的語言用法和環境中來理解語法規
則，而不是假設獨立於語言現象的心理過程
來臆造遵守語言規則的原因。

其次，維根斯坦指出，語言規則不是邏
輯規則。他還用一個小學生學計算為例子。

設想教師要求學生從2開始，每次加2，依次遞增地計數，即按2，4，6，8……的序列來計數。計算的結果是一個算術數列，其公式可用 (n＋2) 來表示。學生按照這個公式數到1000之後，突然按每次加4的規則來計數，即1004，1008，1012……，教師連忙告訴學生說，他應該每次加2，而不是加4。但學生卻爭辯說， (n＋2) 這個公式只適用於1000之內的數字；對於大於1000的數字，必須對這個公式加以修改，才能應用。我們能不能說，這個學生犯了不遵守規則的錯誤呢？

　　首先，必須肯定，這個學生和前面所提到的那個根本不理解計數規則、不能從0數到9的學生不同，他確定懂得什麼是規則，知道怎樣計數才算是遵守規則；即使他在1000之後的計數活動，也是按照一定的規則來行事的。

　　其次，他和教師的分歧在於他們對於規則有不同的解釋。教師堅持說，規則應該毫無例外地執行，1000並不是一個標誌著規則

應該修正的一個特殊數字。學生却說，沒有
一成不變的規則，計數突破一定的界限之
後，規則也要作相應的修正。

　　再次，我們還必須承認，在這場爭論中，
教師當然是贏家，因為他所說的是平常意義
上所說的計數規則；而學生所作出的解釋適
用於在某些特定條件下對規則所作的特殊限
制，但却不適用計數的常規。

　　我們可以得出這樣的結論：學生並沒有
犯不遵守規則的錯誤，他的錯誤充其量是對
規則做了與衆不同的解釋。但是，學生會反
問道：難道教師所說的不也同樣是對規則的
一種解釋嗎？為什麼要把教師的解釋判斷為
正確而把他的解釋判斷為錯誤呢？對於學生
的問題，我們可以回答，因為社會大多數人
都是這樣來理解計數規則的。但學生會再次
追問：難道大多數人贊成的解釋就是眞理
嗎？在科學史上，事實不是一再證實了眞理
一開始只被少數人所發明、所採用的嗎？

　　在這場爭論中，我們只能承認，理論本

身不能決定哪種解釋是正確的還是錯誤的。
生活條件和方式的改變，社會文化、風俗習
慣等方面的因素決定了爲什麼人們會採用現
在通行的解釋。隨著社會和生活的變化，也
許學生的解釋會被人們所接受而成爲正確的
計數規則。

　　把規則當作不可變更的金科玉律，忘記
了一個簡單的事實：對規則的理解是建立在
對規則的一種解釋的基礎之上的。對同樣的
規則可以有不同的解釋，解釋本身不能決定
哪種解釋是正確的還是錯誤的。但是，承認
對規則的解釋不能決定語言的意義，但又會
導致相對主義和懷疑主義，其結果是一個悖
論，用維根斯坦的話來說：「這就是我們的
悖論：一個規則不能決定行動路線。因爲任
何行動路線都可以被說成是符合規則的。問
題的答案是：如果任何行動都可以被說成是
符合規則的，那麼，任何行動也可以被說成
是違反規則的。因此，在這裡，也就沒有符
合不符合、違反不違反的問題了。」（PI.

201）

維根斯坦的意思是說，如果任何規則都可以有多種多樣的解釋，如果沒有一種解釋是絕對正確的，那麼，任何人都有權利把自己的行動解釋爲符合規則的，這樣就沒有規則可言了。

在計數活動中，如果一個人數出的結果是 1，9，2，5，8，6，3……，他會說 $(n+2)$ 這個公式在每一步驟都應修改，他也可以用上面那個學生所說的理由來爲自己的解釋辯護。這樣就出現了一個悖論：一方面，根據各人不同的解釋，每個人都可以說自己是遵守規則的；另一方面，由於各種解釋相互衝突，每個人又都可以說是沒有遵守規則。

如何解決這一悖論呢？維根斯坦發現，這一悖論產生的根源是用解釋代替了規則。「規則」是一個具有強烈社會性、實踐性的觀念，「解釋」則是一種個人的、理論的行爲。人們儘可以對規則作出自己的解釋，但解釋規則不是遵守規則。人們不是根據一個

人的解釋正確與否來判斷他是否遵守規則
的。維根斯坦說：「遵守規則是一種實踐行
為。一個人認為他是遵守規則的並不等於他
是在遵守規則。因此，人們不可能『自私』
地遵守規則。不然的話，對遵守規則的思考
就和遵守規則的行動，混為一談了。」（PI.
203）

　　事實上，當我們遵守規則的時候，我們
並沒有想到對規則進行不同解釋的可能性，
雖然這些可能性在理論上是存在的，也是不
容易否定的。但是，實踐本身却只允許我們
按一種方式來行事。維根斯坦說：「當我遵
守一條規則的時候，我別無選擇，我盲目地
遵守規則。」（PI.219）

　　盲目性是對於人們不可能任意理解規則
的決定性的一種形象的說明。我們的理解是
在我們牙牙學語的時候就開始灌輸給我們
的，我們訓練和學習的過程又是受社會文化
諸因素影響、決定的，是生活方式的一部分。
維根斯坦却沒有像人類學家和社會學家那

樣，找出決定人們遵守規則行動的種種客觀
因素。

　　他從來不是一個客觀主義的決定論者，
他寧可用帶有主觀色彩的「協定」（agree-
ment）這個詞來代替「決定」的概念。他
說：「『協定』這個詞和『規則』彼此相
關。它們是攣生兄弟。如果我教人們使用其
中一個詞，他們也同時學會了另一個的用
法。」（PI.224）

　　社會協定是判斷一種行為是否遵守規則
的最終標準，也是證明一種理論是否正確的
最終標準。證明不是一個理論問題，而是一
個實踐問題。任何理論都是一種解釋，而一
種解釋性的理論在原則上又是可以再被另外
的理論加以解釋的。人類的理論證明活動就
是這樣一連串解釋和被解釋的系列。

　　維根斯坦把這一系列想像作流動的泥
沙，追根求源的證明好比是深掘泥沙。他
說：「如果我窮盡了證明，我達到了堅硬的
河床。我的掘礦必須轉向，我要說的是：

『這只是我所作的事。』」（PI.217）做社會成員協力所作的事就是遵守規則，因為規則本身就是社會成員之間約定俗成的產物。

在維根斯坦之前，人們已經普遍認為，語言是約定俗成的。哲學家們不滿足這樣的說明，他們試圖從人的思維特性中找到人們所同意的協定的基礎。維根斯坦取消了這種對語言規則的理論基礎的研究，他因此常被評論家們稱為約定主義者。

但是，維根斯坦並不是一個約定主義者，他的結論是對約定主義的否定。他問自己：「難道你是說：『人類約定什麼是真理，什麼是錯誤嗎？』正是人類所說的才是正確的和錯誤的。大家都贊同使用語言，這不是在觀念上的協定，而是生活方式上的協定。」（PI.241）在生活方式上的協定，實際上並不是真正的協定。因為協定是可以推翻、否定或不遵守的；但却沒有人能夠不按照他所在的社會的生活方式生活。生活方式是強加在人們身上的，人們不得不同意現有

的生活方式，不得不採用現有的語言。因此，
也就不得不遵守現有的語言規則。

　　從某種意義上，維根斯坦對日常語言的
推崇，實際上就是對約定俗成的常規和生活
方式的肯定。他很少考慮到語言變革的問
題，毫無疑問，他的哲學是在有著長久保守
主義傳統的英國社會這一溫床中孕育出來
的。

四、反「私人語言」論證

　　什麼叫私人語言（private language）
呢？維根斯坦的定義是：「我們能否設想這
樣一種語言呢？能否想像，一個人以他自己
隱私的用法記下或者表達出他的內在經驗
──如，他的感情、心情呢？難道我們不能用
我們的日常語言做到這些嗎？但這不是我的
意思。在那種語言中，每個詞都指示出只有

那個人可以知道的東西，指示出他直接的隱
私的感覺：它是其他人都不可能理解的語
言。」 (PI.243)

　　私人語言不是用公共語言來描繪或表達
個人心理狀態或活動，它指的是一種只有這
種語言使用者才能了解的語言。這個人創造
出一些特殊的符號來指示別人所感覺不到的
東西，如他自己內在的感情和心情。這種語
言的隱私性在於：

　　第一，別人不能用日常語言來解釋這種
符號的意義，因為它們不能被轉譯成日常語
言中的概念。如果一個人用符號「P」來代
替「痛」這個詞，每當他疼痛時，他就發出
「P」的聲音，別人會理解他所說的「P」就
是平常所說的「痛」，但是，這種和日常語
言概念有對應關係，可以轉譯為公共語言的
符號不屬於私人語言的範疇。

　　第二，別人也不能用經驗、觀察的方式
來理解這些符號的意義，因為它們指示著別
人不可觀察的內在感覺，對於大家可以共同

感覺到的事物，每個人可以在稱呼它的同時，把它指示給另外一些人。但是，一個人的內心世界是不能指示給他人的。當一個人用只有他才能理解的符號，來代表他的感覺時，別人不會體會到同樣的感覺，因此也不了解這些符號的意義。

私人語言是一種想像的語言。維根斯坦的問題是，這種語言有沒有可能在現實中存在？他的回答是否定的。他否定私人語言的可能性的論證被稱爲反私人語言論證。反私人語言論證是《哲學研究》中最引人注目的篇章，評論家們在這一部分內容上傾注了大量的精力，就這個論證的對象、性質、意義、步驟和可靠性進行了廣泛而持久的討論和辯論。這個論證的內容確實值得我們認眞研究。

「私人語言」不是維根斯坦想像臆造的產物，它實際上是哲學中的「自我」觀念的化身。自笛卡兒提出「我思故我在」的證明以來，「自我」這個概念成了哲學理論發展

的軸心。笛卡兒也因此而被稱爲「近代哲學
之父」。從維根斯坦的立場看問題，「自
我」觀念的根源存在於對語言性質的錯誤認
識。哲學家們把思維看作語言的內核，語言
是思維的外衣。既然思維的主體是他人不可
觀察、接近的「自我」，語言的本質應該是
自我思維的隱私性。

　　按照這種觀點，從理論上說，人人都有
表達自己思想的私人語言，只是爲了交流的
目的，人們才在日常生活中採用了公共語言
作爲思維的外在形式。維根斯坦所論證的私
人語言的不可能性就是「自我思維」的不可
能性。

　　反私人語言論證的要旨是：沒有只有一
個人可以理解的精神狀態和過程，因此，一
個人也不可能用只有他所能理解的方式來描
述和表達他的內心活動。在哲學史上，有一
些哲學家也曾從不同的角度批判過「自我」
觀念，但維根斯坦以其批判的獨特性、新穎
性和深刻性贏得了普遍的認可。他的批判是

標示著西方哲學家從崇尚「自我」的唯心論轉化為注重語言現象的分析哲學之重要標誌。

反私人語言論證的另一重要意義在於它是《哲學研究》中的精華部分。維根斯坦挖掘了種種可能為私人語言的可能性辯解的理由。這些理由和他以前所批判的「奧古斯丁圖畫」、「直接指證定義」、「私人規則」、「內在理解過程」等觀念是聯繫在一起的。反私人語言論證是對他以前的批判的一個總結，集中體現了維根斯坦關於語言性質、作用和意義的思想。

必須指出的是，反私人語言並不是一個邏輯證明，也沒有明顯的哲學推理的過程，它的風格和《哲學研究》其它部分一樣，是一些論證和評論的鬆散的集合。但大體說來，它圍繞著一個主題，是有一定的思想結構可循的。下面，我們參考評論家們的意見，根據筆者自己對原文的理解，把該論證分為三個步驟來說明。

　　第一個步驟是對人類心理現象的性質所作的探討。心理現象是主觀的，但主觀並不意味著隱私。比如，人對外部世界的感覺是主觀的，但同時也是共同的。人們可以確定他個人所感覺到的現象是和他人的觀察相一致的。這些共同感覺是人們使用公共語言的基礎之一，不存在因人而異的隱私性。

　　毋庸諱言，每個人都有自己特殊的內心世界，這個內心世界有著廣闊的領域，但維根斯坦把「疼痛」當作一個典型的隱私的心理現象來分析，看看像「疼痛」這類心理現象是否足以成為私人語言所要表達的內容。

　　肯定私人語言的可能性的一個重要證據就是「疼痛」這些心理感覺的隱私性。按照這種觀點，語言的性質是由它所表達的內容所規定的。有些心理想像是隱私的，比如，一個人不能感覺到他人的疼痛；當我在喊叫疼痛的時候，別人所能觀察到的只是我的表情和行為，而不是疼痛狀態本身。只有我自己能夠知道我確實是處於疼痛狀態之中，抑

或是在假裝疼痛。

既然公共語言不能分辨出這兩者的區別，我們也就有理由設定一種私人語言，一種可以準確無誤地表達出疼痛等隱私狀態的語言，這是一種只有「我」才能理解的語言。針對這一理由，維根斯坦反駁說：「在什麼意義上，我們的感覺是隱私的呢？可以說，只有我知道我是否真正疼痛，其他人只能猜測而已——這種說法在一方面是錯誤的，在另一方面是無意義的。」　(PI.246)

為什麼說它是錯誤的呢？因為人們運用「疼痛」這一詞的前提是承認「疼痛」是每個正常的人都可感覺的現象。我們不能說，每個人只能感覺到自己的疼痛。在日常語言中有這樣的表達方式：「我和你感到同樣痛苦」，「同樣痛苦」意味著由於同樣的原因，在同樣的身體部位，感到同等程度的痛苦。我們也經常聽到關於一對孿生子可以在同時感覺到同樣疼痛的故事，我們已經接受了這些說法，為什麼還要說：「一個人不可

能感覺到別人的疼痛呢！」有的人會說：
「『同樣』指的是絕對等同。兩個人的疼痛
只能在程度上相似，不可能完全等同。」

　　維根斯坦反駁說，如果是這樣的話，我
們也將不能說：「這張桌子和昨天一樣。」
因爲從微觀的角度來觀察，桌子的現時狀態
無疑和它在昨天的狀態並不完全等同。他
說，從心理學的角度，用科學實驗的方法來
論證兩個人不可能有著共同的疼痛是一回
事，日常語言中「同樣疼痛」的意義又是一
碼事。兩者都是「同樣」這種說法的不同用
法。哲學家的錯誤在於用心理科學的嚴格、
精確用法代替日常語言的用法，從而得出了
「一個人不能感覺到別人疼痛」的一般性結
論，並由此來論證疼痛的隱私性。 （PI.235-
254）

　　如果「疼痛」的隱私性意味著「只有我
知道我是否疼痛」，則這個命題是無意義
的。因爲「知道」（know）這個概念蘊含著
它的對立面「不知道」。我們常常聲稱自己

知道某件事，但實際上並不知道它。任何知識的對象都是可以懷疑的；對我所知道的命題所進行的懷疑和否定都是有意義的。但是，我的疼痛却不是知識的對象，因此也不是懷疑的對象。我們只說：「我疼痛」，或者「我不疼痛」；而不說，「我知道我疼痛」或者「我知道我不疼痛」。為什麼呢？就是因為我們確信無疑的事情不是我們所知道的事情。

這裡的關鍵要分清「知道」和「確信」兩個概念的用法。「知道」這個詞只是用在不能確信、可以懷疑的情況之下。既然每個人都可以確信他是否在疼痛。「知道」不能和「我疼痛」或「我不疼痛」這樣的命題連用。因此，把疼痛的隱私性解釋為「只有我知道我是否疼痛」是無意義的。

維根斯坦並沒有籠統地肯定或否定感覺的隱私性，他只是追問：在什麼意義上可以把感覺說成是隱私呢？他沒有否認每個人都是透過自己親身經歷、體驗來學會應用「疼

痛」這個詞的，一個從來沒有感覺過疼痛的
人是沒有「疼痛」這個概念的。當小孩感到
疼痛而哭鬧時，大人就會問他：「你覺得哪
裡疼痛嗎？」小孩就學會把「疼痛」這個詞
同身體內的一種特殊感覺聯繫起來，並學會
了運用這個詞來代替哭鬧。以後，當他有著
同樣的感覺時，他就會說「我覺得疼痛」這
句話了。

　　在這種意義上，維根斯坦承認「疼痛」
的隱私性。但是，這種意義上的隱私性是和
日常語言中詞語和概念的用法不可分離的，
是學習公共語言時所必須的親身體驗過程，
它並不能證明語言的隱私性。

　　維根斯坦所堅決否定的是一種特殊意義
上的隱私性，即可以導致「私人語言」感覺
的隱私性。他爭辯說，既然內在感覺必須用
公共語言中的共同概念來表達，從人都具有
自己的內在經驗這個前提出發，並不能得出
每個人都需用自己的私人語言來表達這種經
驗的結論。

　　在反私人語言論證的第二個步驟中，維
根斯坦變換了論證的角度，他不是從語言所
要表達的內容，而是從語言本身所必須具備
的性質來否認私人語言的可能性。

　　如前所述，語言是一種遵守規則的遊戲
似的活動。在日常語言中，遵守規則的標準
是由社會實踐、生活方式，或者社會成員之
間的「協定」所規定的，私人語言既然是一
種語言，它也必須有其自己的規則，但它的
規則不可能具備公共標準。私人語言這一概
念所依據的是「自己制訂規則，自己遵守規
則」這樣一種行為。

　　維根斯坦把這種行為形象化，他假設了
這樣一個人，他每天都在日記中記下自己的
一種特殊的內心感受。每當這種感覺發生在
心中的時候，他就寫下「S」這一符號。在這
種情況下，只有他本人才理解「S」所代表
的是一種怎樣的感受，別人却無法理解
「S」的意義。也就是說，「S」是私人語言
的一個例證。

　　維根斯坦對此提出了一個問題：如果這個人能夠用同樣的符號替發生在不同時間的感覺命名，他必須首先能夠確定現在的感覺和以前的感覺是一樣的。否則的話，他就不能把這兩樁事件都稱作「S」。為了確定這一點，他必須用一個標準來衡量感覺。沒有這個標準，「S」可以用來給不同的感覺命名。維根斯坦說，他是找不到這個標準的：「時下他沒有正確的標準，他想要說的是：『只要對我來說好像是正確的就是正確的』。但這只意味著，我們不能再談論『正確』這個詞了。」（PI.258）

　　如果一個人的主觀感覺就是遵守規則標準的話，他永遠也不會犯錯誤。每當他寫下「S」的時候，他總是可以感覺到一種特殊的體驗，並且感覺到這種體驗和他以前所命名為「S」的體驗有相同之處。但是，他却沒有一個客觀的、公共的標準來衡量他的感覺。以他自己的感覺為標準，他對於「S」的用法總是正確的。但是，「正確」這個概念

只有在有可能會犯錯誤的前提下才能被有意
義地使用。永遠不會犯錯誤的活動不是遵守
規則的活動。

私人語言以主觀感覺爲遵守規則的標
準，實際上是取消了規則，取消了正確和錯
誤的標準。這樣，也就沒有任何意義上的語
言可以存在了。

如果有人說，私人語言的規則不是由隨
意的主觀感覺而來，而是由一些具有識別性
的心理能力來確定的。維根斯坦於是進一步
考察了人的各種心理活動，如印象、注意力、
記憶力、理解力，最後得出結論說，這些活
動都不能成爲衡量現在的感覺是否和過去的
感覺相一致的標準。他的主要理由是，它們
是和感覺混爲一體的主觀範疇，因而不能成
爲衡量自身的標準。因此，說一個人能夠用
他所能理解的符號來指示同一內心感覺是不
可信的。

反私人語言論證的第三個步驟針對「私
人語言」這個概念的根源。維根斯坦把這一

根源歸結爲奧古斯丁圖畫。按照奧古斯丁圖
畫，語言中的每個詞都是一個事物的名稱，
並且這個詞的意義可以用指示這一事物的方
法來定義。把這幅圖畫推而廣之，人們會認
爲，關於心理現象的詞如「疼痛」也指示了
內心的一個事物，它的意義也可以用直接指
證的方法來定義。但是，這種指證的對象不
是別人也能觀察到的事物，而是只有感覺者
本人所能知道的內心活動。因此，給表示心
理活動的詞下定義的方法可以叫做「內在直
接指證」。

　　在擴大了的奧古斯丁圖畫中，用內在直
接指證的方法來定義的符號只和一個人內心
的事物相對應，因此，屬於私人語言。維根
斯坦針鋒相對地指出：第一，「疼痛」這些
關於心理現象的概念或詞並不是一個事物的
名稱，第二，這些概念或詞也不是透過「內
在直接指證」的方法來獲得意義的。他用他
所特有的風格，採取比喻來說明這兩個論
點。

　　第一個比喻是這樣的，維根斯坦設想在某地人人都有一個匣子，匣子裡裝著一種他們都把它叫做「甲蟲」的東西。維根斯坦說，各人匣子裡的甲蟲可能不完全一樣，有些人的匣子裡可能根本沒有甲蟲，但這並不妨礙他們談論自己匣子裡的甲蟲。雖然每個人都看不到別人匣子裡的甲蟲，他們可以根據自己匣子裡的東西知道別人匣子裡裝的也是甲蟲。（PI.293）

　　在這個比喻中，匣子好比是人的身體，甲蟲好比是發生在身體之內的「疼痛」。雖然各人都從自己的感覺中理解了「疼痛」這個概念的意義，雖然他觀察不到別人身體內的「疼痛」，雖然各人所感覺的「疼痛」不盡相同（好比每人匣中的甲蟲不完全相同一樣），雖然有人在假裝疼痛（好比有人匣子裡根本沒有甲蟲），但這一切並不妨礙我們使用「疼痛」這個共同概念來談論每個人對於「疼痛」不同的感受。為什麼呢？因為「疼痛」不是一件事物，「疼痛」這個詞也

不是指示事物的名稱。這個詞所對應的是疼
痛的自然表達方式（如哭喊、臉部抽搐的表
情等），而不是疼痛這一心理狀態本身。只
要我們具有共同的表達疼痛的自然方式，我
們就不可能用一個只有自己才能理解的符號
來表示疼痛。

　　把「疼痛」當作代替人的自然表情的符
號，否認了奧古斯丁圖畫，否認了「疼痛」
這個詞代表著存在於各人內心中的一個事
物，也否認了用隱私符號來代替「疼痛」這
一日常概念的可能性。

　　維根斯坦第二個比喻否定了人們可以用
直接指證定義來解釋「疼痛」的意義。

　　他說，當我們用圖畫來表示一壺水處在
沸騰狀態的時候，我們只畫一個噴著水蒸氣
的水壺，而不需要把水壺中的沸水也畫出
來。（PI.297）同樣，當我們用「疼痛」這個
詞來表示一個人疼痛狀態的時候，我們只描
述他可觀察的表示「疼痛」的行為，如他的
痛苦表情和呻吟，而不是對一個人的心理狀

態進行摹寫。人的疼痛狀態是使用「疼痛」
這個詞的前提，而不是這個詞所表達的內
容，正如沸水是產生水蒸氣的來源，但却不
包含在圖畫之中一樣。「疼痛」的意義並不
是指示一個內在事物或內在狀態。被指示的
東西都是在經驗中被大家所觀察到的。只被
感覺者自己反省到的，或「內在指證」的事
物是不存在的。

　　總之，「疼痛」這個詞的意義在於表
達、顯示。這是與指示或直接指證完全不同
的用法。

　　綜上所述，私人語言的基礎有兩個：第
一是假設每個人都可以私自地顯現個人感覺
的可能性；第二是假定每個人都有各不相同
的，只爲自己所知的感覺。這兩個基礎都被
摧毀之後，私人語言的可能性也就不復存在
了。至此，維根斯坦完成了他的反私人語言
論證。

五、「治療型哲學」

　　維根斯坦的哲學是以解決和消除哲學問
題為己任的。他所說的哲學問題是有特定涵
義的。在本世紀初，分析哲學的創始人穆爾
就發現，哲學家們在許多問題上爭論不休，
並不是因為有人提供了正確的、全面的答案
或有人提供了錯誤的、片面的答案，而是因
為這些問題本身是不可能有正確答案的。在
《倫理學原理》一書的前言中，穆爾寫道：
「對於我來說，在倫理學以及其它哲學研究
的學科中，它的歷史上充滿著困難和爭論的
主要原因是非常簡單的。人們企圖去回答問
題，卻沒有首先精確地發現什麼是他們所想
要回答的問題……在所有這些場合，哲學家
們不斷地試圖以證明『是』或者『不是』的
方式來回答問題，但這兩種答案中沒有哪一

種是正確的。」③維根斯坦進一步探討了穆
爾的思想，他認爲哲學的首要任務不是回答
前人提出的問題，而是要消除這些問題。這
一觀點並不是前無古人的，至少，康德已經
在這方面爲哲學家們作出了一個榜樣。康德
把傳統的形而上學的問題總結爲四個：世界
是有限的，還是無限的？物質的可分性是有
限的，還是無限的？世界的一切都是嚴格地
被自然規律決定的，抑或世界中存在著「自
由意志」？世界存在是必然的還是偶然的？
康德發現，對這些問題肯定的和否定的回答
都言之成理，他把這種現象叫做「二律背
反」。爲了解決「二律背反」，我們就要改
變看問題的方向，在解決問題之前首先要考
察這些問題是否是人的理性能夠解決的，這
樣才不致使理性墮入「超驗的幻覺」之中。

不難看出，穆爾和維根斯坦排除哲學的
努力和康德對傳統形而上學批判的理由是一
致的。不同的是，康德所反對的「超驗的幻
覺」在分析哲學家那裡被當作是對語言的誤

解。康德要把認識世界的理性限制在經驗範圍之內，維根斯坦則以廓清語言的意義為方針；凡是超越意義範圍的問題，都應該清除出哲學領域。

我們知道，哲學思維的一個顯著特點在於它的爭辯性，哲學家們不是簡單地下結論，而是充分地陳述自己結論的理由。辯論和推理的過程就是不斷地提出和解決問題的過程。不言而喻，哲學的歷史就是圍繞著哲學問題的軸心而轉動的。

維根斯坦認為，過去的哲學家們實際上沒有解決什麼問題，有些時候，他們似乎對某個問題提出了滿意的答案，但是，這些答案在別人的反詰之下，立即又變成了產生新的問題的源泉。因此，哲學在歷史中並沒有取得實質性的進步，哲學家們仍然圍繞著幾千年來一直圍繞他們的老問題而喋喋不休地爭論著。維根斯坦把解決不了的問題，或者在解決問題過程又產生新問題的狀況，叫做「理智的蠱惑」，他把哲學家比作困在瓶子

裡的蒼蠅。他說：「哲學問題的形態是：我不知道出路在哪裡。」（PI.123）他又說，從事哲學的目的是爲了給捕蠅瓶裡的蒼蠅指一條出路。當然，他自然也曾是這樣一隻蒼蠅。

維根斯坦從自己的思想矛盾和鬥爭中體會到，哲學中的困惑是一種痼疾。他曾經試圖以嚴密的、明晰的邏輯方法來解除困境，但是，他所建立的邏輯原子論却使他陷入了更深的困境之中，他有一次和他的學生談到：「陷入哲學困境中的人好似是一個被關在房間裡的人。他想要出去，但却不知道怎麼辦。他想從窗子裡爬出去，但窗口太高了。他想從烟囱裡鑽出去，但烟道太窄了。」④

哲學的困境不是由於知識貧乏而產生理智的饑渴，不是由於無知而產生的迷惘。在其它學科中，人們也常常爲解決難題而絞盡腦汁。但這種困惑是可以透過知識的積累來消除的。但是，新知識却不能幫助哲學家。哲學家們之所以被困惑，不是因爲他們不了解有關事實，而是由於他們採取了與衆不同

的認識和思維方式。他們從事實中用自己看待問題的方式得出了奇怪的結論，要使他們不相信自己的結論，而向他們陳述事實是無濟於事的。

維根斯坦把哲學家比作精神病患者。如果一個精神分裂症患者總是以為別人企圖謀殺他，醫生不能只是對他陳述事實，而是要改變他意識深處的混亂狀態。維根斯坦根據這個比喻，認為哲學的任務是治療一種疾病，他說：「哲學家處理問題猶如治病一樣。」（PI.255）哲學家是這樣的人，他們透過治療自己理解上的毛病，以達到對健全的人類理解力的認識。這種治療型的哲學是以廓清語言意義為主要任務的，因為哲學問題是由於誤解了語言意義而產生的。因此，維根斯坦給自己規定了這樣的任務：「哲學是一場反對用語言對理智進行蠱惑的戰鬥。」（PI.109）

哲學消除了理智上的蠱惑之後，擺脫了思想上的困境，便可以清晰地認識語言、思

想和世界的性質。維根斯坦把認識的清晰性
作爲哲學所能達到的最佳境界。他說：「我
們所要達到的清晰性是完全的清晰性，但這
不過意味著哲學問題的完全消失。」（PI.
133）

綜上所述，維根斯坦關於哲學的新概念
賦予哲學以批判或治療的功能。人們往往把
這種哲學稱作爲「治療型的哲學」。它的主
要任務是要透過糾正對語言的誤解來消除哲
學問題，而消除哲學問題的目的是爲了匡正
人們的思維方式，以求達到清晰的、健全的
認識，爲了更好地理解這一種哲學的特點，
我們還需了解：維根斯坦所說的哲學困惑的
確切涵義是什麼？他用來消除困惑的根源的
方法又是什麼？

在《藍皮書》和《褐皮書》中，維根斯
坦聯繫日常語言現象，從兩方面揭示了產生
哲學困惑的主要根源。第一個根源存在於語
言中的「特殊詞彙」之中，第二個根源可以
歸結爲追求一般而忽略特殊的思維傾向。

　　關於第一個根源，維根斯坦說：「最能在哲學中製造麻煩的，是這樣一種傾向：它把我們誘入歧途，使我們把一些做重要的『特殊工作』的詞彙的用法與詞彙的常規用法等量同觀。」（BB.p.44）

　　我們可以把這些具有特殊用法的詞彙叫做「特殊詞彙」。在維根斯坦看來，「時間」、「度量」、「知識」等就是這樣一些特殊詞彙。從語法學的角度來劃分，它們屬於名詞，但和名詞的常規用法不同，它們不是指一個或一類事物，而是提供了關於某種現象的標準。按照這個標準，我們可以判定哪些詞彙可以用來描述這種現象。例如：「時間」這個詞是運用所有與時間有關的詞彙的標準。這些詞彙，如「早晨」、「昨天」、「1988年」、「一秒鐘」等等都符合「時間」這個詞所規定的概念標準，因此都可以用來描述時間現象。

　　把「特殊詞彙」的用法混同於一般詞彙的常規用法，就會混淆概念與事實。當我們

不了解一個詞的常規用法的時候，我們可以
提出「什麼是……？」這樣的問題，要求對
這一名詞做進一步的解釋。比如，剛懂事的
孩子會經常問大人所沒有見過的事物：「什
麼是斑馬？」「什麼是恐龍？」「什麼是強
盜？」「什麼是輪船？」等等。大人可用實
物、圖形或模型來顯示這些事物，或者用語
言來解釋這些事物。

　　哲學家們把特殊詞彙當作常規詞彙，也
提出了「什麼是時間？」這樣的問題，他們
認為這個問題也可以用指示、描述或解釋事
物的方式來回答。但是，令他們沮喪的是，
人們不能像指示事物那樣來指示時間，因
此，他們就把「時間」解釋成一個抽象名
詞，這個詞所指示或描述的是抽象事物。

　　接著，圍繞著「什麼是抽象事物？」這
樣的問題，他們又展開了無休止的論戰。哲
學史上的唯實論者說，抽象事物是共相，是
客觀存在的觀念，唯名論者卻說，它只是一
個代表具體事物的符號。在爭論中，又產生

了或涉及到關於具體和抽象、現實世界和
「理念世界」、實體和屬性、現實和語言的
關係的問題。即使物理學家們已經精確地規
定了時間的概念，即使人們在日常生活中可
以毫無困難地理解和運用「時間」這個詞，
哲學家們還是在爭論「什麼是時間？」這樣
的問題。維根斯坦說：「當我們為時間的性
質而困擾的時候，當時間對我們來說似乎是
一件奇怪的事物的時候，這樣的錯誤一再在
哲學中發生。在一種最強烈的誘惑之下，我
們設想有隱蔽的事物在這種場合中存在，有
一些肉眼看不出，但思想却可以洞察的事
物。但實際上，這樣的東西並不存在。」
（BB.p.6）

　　藉由這樣的分析，維根斯坦把「什麼是
時間？」這樣一個哲學問題歸結為對「時
間」這個概念的誤解。如果我們理解到，這
個概念的特殊意義在於提供一種說明時間現
象的標準，而不是指示任何一類事物，那麼，
針對事物而提出的「什麼……？」之類的問

題就不會被運用到時間這一概念之上了。圍繞這一問題而產生的種種哲學觀點和理論也隨著這個問題的消除而終結了。

混淆特殊詞彙和常規詞彙的錯誤，在維根斯坦的分析之中是被當作人類思維中的一種通病來治療的。這一通病就是他所說的追求一般而輕視個別的傾向。我們總是傾向於在異中求同，在差別中尋統一，在多中找一，在變化中看穩定。

在很多場合，這種思維方式也許會帶來有利的結果。特別是在自然科學領域，以個別的、偶然的、特殊的事實中總結出一般規律，從變化多端的現象中找出相對穩定的本質，從眾多的結果中追溯出一個長期起作用的原因，是科學家們得心應手的方法，這種方法的通用是科學自近代以來取得進步的一個重要原因。隨著科學技術在生活的每個領域中的運用，科學的方法滲透到了日常語言之中，人們要求用科學的態度來理解語言。

在這種情況下，對語言的邏輯分析也應

運而生了。維根斯坦並不籠統地反對追求一
般思維方式，他所反對的是把這種思維方式
由科學領域擴散到日常語言的領域。他承
認，從複雜的語言現象中找出一般規則和結
構是人類思維的自然傾向。

　　有的人會問：旣然語言學家在文字、語
音、語法等各方面都總結出了詳盡的規則，
爲什麼哲學家沒有權利總結出更普遍、更一
般的規則來概括語言的意義和性質呢？維根
斯坦說：「當我們聽、說、看、寫詞句的時
候，我們便被它們的整齊外表所迷惑了，但
是，它們的用法並沒有那麼清楚，尤其是當
人們在從事哲學的時候。」（PI.11）

　　表面上看，語言現象是極有規律的，少
數字母按照一定規則組成詞，詞又按照一定
規則組成句子，句子和句子之間也按一定可
循的規則聯結起來，但是當我們接觸到語言
的意義和用法的時候，我們碰到的是不可預
測、無窮無盡的變化。因此，即使語言的表
面特徵從語言學的角度可以當作一般現象來

處理，從哲學的角度來看，語言的意義是不能用一般規則來概括的。因為語言的意義和用法是人類思維方式的表現，語義的多樣性和變化性反映了人類思維方式的多樣性和變化性。把語言的意義歸結為一種固定的模式也就是把人的思維凝固化了。維根斯坦正是從這一方面來揭示他早期所持的「圖式論」的錯誤根源的。

「圖式論」的錯誤並不在於把命題看作是事實的圖式（因為命題確有描述功能），而在於把圖式的多種模式歸結為一種模式——邏輯圖式。在邏輯圖式的固定模式下，一件事實可以用，並且只可以用一個命題來陳述；而且語言的多種用法都被歸結為陳述命題這樣一種用法。「圖式論」是追求一般的思維方式的一個典型例子。這種理論企圖說明語言意義的一般形式，但却造成了一系列的哲學問題。例如，「如何能夠證明事實和命題的一一對應關係？」「如何分析命題和事實？」等等。為了回答這些問題，我們又

需要構造邏輯原子論的理論，其後果是觸發
了更多的問題。

　　哲學困惑的第二個根源和科學主義的興
盛有關。自從本世紀初起，在哲學中有一股
把自然科學的證據、方法和理論當作眞理的
唯一標準的潮流。維根斯坦反對追求一般的
思維傾向的動機是反對科學主義。他一再聲
稱，哲學不是科學，哲學在分析語言時不能
運用科學研究的方法。他的主要理由是，哲
學要透過分析語言的用法來展示各種各樣的
思維模式，而不能侷限在科學思維模式之
中。維根斯坦反對科學主義的企圖，還體現
在他對哲學方法的闡述之中。他聲稱：「正
確地說，我們的思考不可能是科學的，我們
不提出任何理論。在我們的思考中，沒有任
何假設。我們必須拋開一切解釋，僅讓描述
發生作用。」（PI.109）他所說的描述是什
麼意思呢？他補充說：「哲學只是把一切都
擺在我們面前，它既不解釋，也不推演，因
爲一切都是顯而易見的，沒有什麼可解釋

的，我們對那些隱蔽的東西不感興趣。」
（PI.126）

在維根斯坦的語言中，解釋方法和描述
方法的差別就是科學方法和哲學方法的對
立。科學方法是依據事物間的因果關係，或
者應用邏輯推理，對一種現象進行解釋，而
解釋現實的目的是爲了改造現實。自然科學
所提供的是對自然界事物進行加工、改造的
途徑。哲學不是經驗科學，它所研究的不是
事物之間的因果關係，而是語言中用法、意
義之間錯綜複雜的網絡聯繫。

哲學家研究語言，但却沒有改造語言的
奢望。維根斯坦說：「哲學不能干涉語言的
實際用法，它只描述用法。它也不能爲語言
的用法提供基礎，它讓一切按其本來面目存
在。」（PI.124）

哲學和自然科學的區別決定了它不能採
用解釋的方法。但是爲什麼哲學要描述語言
的實際用法呢？維根斯坦說，語言的用法是
多種多樣的，我們不能用一種用法來解釋另

外一種。並且，我們對日常語言的用法太熟悉了，因此很少注意到它們的特殊性和差別性；又加上追求一般而忽視個別的思維傾向，又掩蓋了語言用法的多樣性，這使得我們易於把語言在某種環境中的某種特定用法誇大爲一般的、普遍的用法，把一種思維方式當作唯一的、永恆的眞理。

　　克服和抵制這種侷限性的唯一方法，就是把語言的實際用法按照其本來面目描述出來。維根斯坦把對語言實際用法的描述叫做語法。「語法」是維根斯坦後期哲學中最重要的概念之一，它的重要性猶如「邏輯」在他前期哲學中的地位一樣。它不是語言學家們所說的語法。

　　維根斯坦所說的語法，是透過日常語言的句子所表現出來的語言的種種典型用法，這些句子被稱作「語法命題」。語法命題不包含專門術語或符號。它們是人人都可以理解，並且不懷疑其眞實性的命題，比如，「凡桿棒都有長度」、「石頭都有重量」、「我

可以感覺到自己的疼痛」、「我有兩隻手」、「凡人皆有爹娘」等等。這些句子的意義與其說是描述事實，倒不如說是規定「桿棒」、「石頭」、「疼痛」、「手」、「爹娘」這些詞的用法。語言的用法就是透過這類句子來體現的。

在一般環境下，我們不需要陳述語法命題，因為大家都已經很熟悉語言的用法了。但是，當哲學家們把語言的一種用法絕對化而忽略了其它用法的時候，有必要用語法來提醒他們。維根斯坦說：「當哲學家們運用詞彙——『知識』、『存在』、『客體』、『自我』、『命題』、『名稱』——並極力去把握事情的本質的時候，我們必須發問：這個詞是如何在日常語言中那樣被運用的呢？我們所作的是把詞彙從它們的形而上學用法拉回到日常用法。」（PI.116）

為了用語言的實際用法來消除形而上學的用法，維根斯坦把語法命題和形而上學命題兩相對照：前者只是描述了語言的一種用

法，後者把這種用法從具體語言環境中抽象
出來，並把它誇大爲對事物本質或本體的描
寫。

　　他很少正面反駁過傳統的形而上學觀
點，也沒有建立一個新的哲學理論與之抗
衡。他認爲，描述日常語言的用法，足以顯
示形而上學的根源，足以消除形而上學的問
題。他說：「哲學家的工作是爲了一定的目
的而搜集紀念品。」（PI.127）

　　語法命題就是這樣的紀念品。因爲它們
具有提醒作用，可以使我們在看到語言的形
而上學用法而受困惑的時候，想到語言的實
際用法，從而擺脫哲學的困擾。因此，描述
方法不是簡單地羅列和陳述事實，它是有步
驟地把一些詞彙的用法，特別是把「特殊詞
彙」的用法和語法命題分門歸納，來和這些
詞彙在哲學命題中的用法相比較，以此來達
到消除哲學問題以及因這些問題而產生的爭
論和理論的目的。

　　維根斯坦關於哲學的新概念影響了一代

哲學家，在分析哲學界引起的反響尤爲熱烈。我們在下一章簡略回顧一下他的貢獻和影響。

註釋

① 　PI為《哲學研究》（*Philosophical Investiga-tions*）縮語，後面數字指節數。

② 　該表引自R. Fogelin, *Wittgenstein,* Routledge & Kegan Paul, 1976, p.118但作者做了一些修改。

③ 　G. Moore, *Principia Ethica,* Cambridge, 1981, p.vii.

④ 　N. Malcolm, *Ludwig Wittgenstein: A Meinoir,* 2nd. ed. Oxford, 1984, p.44

第四章
維根斯坦的影響：
分析哲學的開創者

分析哲學是本世紀中在英語國家裡占統治地位的哲學。嚴格地說，分析哲學不是一個統一的學派，而是由各個學派、各種思潮匯集在一起而形成的波瀾壯闊的思想運動。

現在流行的各種分析哲學流派也具有維根斯坦所說的「家族相似」的特徵。分析哲學雖然是以語言現象爲主要研究對象，但並非所有研究語言現象的哲學理論都歸於分析哲學。如，瑞士索緒爾 (Ferdinand de Saussure) 和法國李維斯陀 (Levi-Strauss) 的結構主義語言學和拉岡 (Jacques Lacan) 的精神分析語言學理論並不是分析哲學的一支。

分析哲學也不完全是一個地理區域的概念。並非所有以語言爲對象的英美哲學流派都可算作分析哲學，比如，美國哲學家喬姆斯基 (Noan Chomsky) 的轉換生成語法說通常和分析哲學鮮有瓜葛。

分析哲學沒有嚴格的界限，也沒有統一的方法。它雖然標榜分析的方法，但哲學家

對分析這一概念所作的分析，已顯示出分析
哲學方法論的光怪陸離的各個側面。儘管這
些方面的分歧，人們還是把分析哲學當作一
個整體看待，這在很大程度上是因爲被稱作
分析哲學家的人都從維根斯坦哲學中得到啓
發和鼓舞，他們或者吸收了他的觀點，或者
接過了他的問題作爲自己研究的重點，或者
按照他所提示的方向，或者以他所運用的方
法作爲榜樣和依據，對語言現象進行了多方
面、多層次的分析研究。

　　了解維根斯坦對分析哲學的深遠而廣泛
的影響，我們就不難理解，分析哲學之所以
分裂爲兩大主要流派：邏輯實證主義（或邏
輯經驗主義）和常規語言哲學，在很大程度
上是由於維根斯坦前期和後期哲學的差別所
造成的。維根斯坦的學生馮・賴特說，凡是
在哲學史上開創了新學派的人即可以列入偉
大的哲學家的行列。但很少有人能有開創兩
個哲學學派的殊榮。

　　作爲分析哲學中兩大流派的創始人，維

根斯坦無疑是分析哲學中影響最大、地位最顯著的核心人物,對邏輯實證主義、常規語言哲學和美國分析哲學都有重大的影響。

邏輯實證主義是本世紀二十至三十年代在德國和奧地利盛行的哲學。1922年,石里克在維也納大學任哲學教授,在他的周圍聚集了一批年輕學者,其中有哲學家卡納普、魏斯曼、法耶格、社會學家紐拉特 (Otto-Neurath) 和一些數學家、物理學家。他們有著共同宗旨,經常組織定期討論,被稱作「維也納學派」。

他們在自然科學日新月異的新發展的形勢面前,感到傳統的形而上學哲學已經落伍,成為阻礙科學進步的障礙。他們賦予自己破除形而上學、建立與科學同盟、為科學服務的新哲學的使命。但他們當時還沒有成熟的理論和現成的方法可以遵循。在這樣的時候,他們看到了《邏輯哲學論》,精神為之一振,眼光為之一新,因為邏輯分析方法使他們找到了問題的癥結,看到了進取的方

向。有人說，《邏輯哲學論》是維也納學派
的宣言書，是邏輯實證主義的「聖經」。石
里克自己曾經承認，維根斯坦哲學是他所代
表的學派的思想來源。他在1930年說：「我
相信，我們正處在哲學轉變的關鍵時刻，我
們將客觀地、公正地結束各種體系之間無用
的爭論，這條道路起源於邏輯的發展之中。
萊布尼茲模糊地預示了它的開端，羅素和弗
萊格在近十年來取得了重要的進展，維根斯
坦則是把哲學推進到關鍵轉折點的第一
人。」①

　　在《邏輯哲學論》的鼓舞之下，邏輯實
證主義者發動了爲科學和眞理而反對形而上
學的「聖戰」。「排除形而上學」是他們的
目標。「邏輯實證」則是他們的武器。兩者
據說都是《邏輯哲學論》的產物。

　　《邏輯哲學論》的目標是要限定思維和
語言的界限，分淸「可以說」和「不能說」
的區別。它試圖證明，傳統形而上學的錯誤
就是試圖用命題來描述不可言狀、不是事實

的超驗領域，這樣才產生了無意義的命題。

　　邏輯實證主義爭取了維根斯坦所建議的方法，認為哲學的唯一任務就是邏輯分析。卡納普一篇文章的題目就是「透過對語言的邏輯分析取消形而上學」。

　　根據邏輯實證主義者的理解，哲學不是一種體系，而首先是一種方法，一種實踐活動，它具有正、反兩方面的作用，它的批判性的作用是拒斥形而上學，取消充斥在哲學之中的無意義的偽命題。卡納普認為傳統哲學中有關「上帝」、「理念」、「絕對」、「自在之物」、「本質」、「自我」等的命題都在「偽命題」之列，因為它們沒有描述事實，充其量只是表達了哲學家自己對外界事物的一種體驗或感情。它們的作用和詩歌的抒情作用相似，我們不能判斷其正確或錯誤，因此，也不能把它們作為科學研究對象。

　　從建設性的肯定方面來說，邏輯分析具有澄清科學命題的意義的作用。這是一個把命題分析成它的組成部分，最後歸結為基本

命題的過程。科學命題之所以能夠在邏輯分
析中被證明是有意義的命題，是因爲它們的
最後歸宿──基本命題是對感覺經驗的直接
描述。因此，它們的眞假是可以由經驗來檢
驗的。邏輯實證主義者努力找出語言的邏輯
句法，他們認爲自然科學就是按照邏輯句法
把基本命題組織爲一個認識世界的體系。

　　邏輯實證主義的一個重要原則是證實原
則。這個原則說，命題的意義是由檢驗其眞
僞的方法所決定的。數學和命題沒有陳述事
實，而是同義反覆，它的意義可由符合公理
及規則的演算過程來決定。陳述事實的命題
則是由經驗證實的過程來決定其眞僞的，科
學家提出命題的過程也就是用經驗事實來證
實假說的過程。邏輯實證主義者常引用《邏
輯哲學論》中的圖式論作爲證實原則的依
據。但是，兩者其實有本質上的差別。圖式
論所證明的命題與事實的對應關係並不限於
經驗命題和可感事物的對應，它是一種邏輯
上必然設定的關係，首先是基本命題和原子

事實的對應，一種不可由經驗來觀察，但可
由邏輯符號來表示的對應。

再者，基本命題對維根斯坦來說，也不
是觀察命題，它是不受經驗而證實的。維根
斯坦是把邏輯命題而不是把觀察命題作爲一
般命題的基礎，把邏輯結構而不是經驗觀察
作爲意義的標準的。但是，不能因此而說，
邏輯實證主義的證實原則與維根斯坦思想毫
無關係。

事實上，維根斯坦在1929年期間和維也
納學派成員座談時，時常鼓吹證實原則，作
爲以前的哲學的補充和發展。例如，他說：
「一個命題的意義就是證實它所用的模式，
兩個命題不可能具有同樣的證明。」②很可
能，邏輯實證主義者是從維根斯坦本人的解
釋，而不是從《邏輯哲學論》中得到啓發而
提出證實原則的。

總的來說，《邏輯哲學論》的基本精神
是對歐洲大陸理性主義，而不是對英國經驗
主義的繼承，它所提供的是一個關於思維和

世界邏輯結構的圖式，並以神秘主義的理論學和生命觀爲歸宿，迥然不同於建立在常識和經驗之上的經驗主義思維方式。因此，它首先是在具有思辨精神傳統的德語世界引起反響，找到知音的。

德國和奧國的哲學家從中學到的首先是它的純粹的邏輯主義，如邏輯實證主義者、數學家韓恩（Hans Hahn）說：「對於我來說，《邏輯哲學論》具有解釋邏輯的作用。正是維根斯坦認識到了邏輯的同義反覆的特徵，並強調說在現實世界中沒有與邏輯常規相對應的實體。」③卡納普也在自傳中說：「我從維根斯坦那裡所獲得的最重要的見識是關於邏輯命題的眞理是建立在其邏輯結構和符號意義之上的觀念。邏輯命題在任何現象的環境中都是眞的。因此，它是眞實性獨立於世界中的偶然事實。從中可以推斷，這些命題並不陳述現實世界中的任何事情，因此，不具有現實內容。」④按照邏輯命題這樣的性質，卡納普在他的《對世界的

邏輯構造》一書中，試圖用邏輯符號和規則
來表示世界的形式結構。

《邏輯哲學論》的英文版於1922年出現
之後，也在受到了羅素和穆爾薰陶的英國年
輕一代哲學家中引起了強烈反映。哲學家和
邏輯學家提姆塞首先撰文介紹，並隨後寫了
一系列文章解釋、發揮了維根斯坦的思想。

劍橋的哲學家柏羅德（C. D. Broad）
一向與維根斯坦有嫌隙，他曾以諷刺的口氣
描寫了《邏輯哲學論》在當時流行的狀況：
「我的年輕的朋友們隨著維根斯坦先生的笛
子所吹奏出來的短切調翩翩起舞」。1930
年，提姆塞早夭，維根斯坦的分析方法逐漸
被人看作是羅素原子邏輯主義的附屬和延
伸。

1934年，英國的哲學家艾耶爾（A. J.
Ayer）寫下《語言、真理和邏輯》一書，把
邏輯實證主義引進了英國，艾耶爾以及後來
的英國邏輯實證主義者波普和羅素哲學有著
更密切的關係，而不是直接師承維根斯坦，

因此在此不作介紹。

　　法西斯主義在奧地利猖獗起來之後，石里克遭到暗殺，維也納學派也隨之解體，其成員卡納普、弗耶格和萊歐巴哈等移居美國，魏斯曼則來到英國。邏輯實證主義在英國的經驗主義和美國的實用主義土壤中發展成為邏輯經驗主義，《邏輯哲學論》的思想也隨著邏輯經驗主義的傳播而在美國流傳開來。

　　維根斯坦逝世之後，他的《哲學研究》在英國流行開來。五十年代，受到他的後期哲學影響的英國哲學家形成常規語言哲學流派。他們分為劍橋學派和牛津學派。兩者的區別主要在於強調的側面不同。劍橋學派以威士德莫（Wisdom）等為代表。他們把維根斯坦哲學稱作為「治療性實證主義」。這種說法把哲學比作佛洛伊德的精神分析療法，它是指引人們擺脫精神困境的方法，而不是認識世界的理論體系。劍橋學派認為，維根斯坦哲學的意義在於它的批判、否定精

神，它不是用一種理論來代替傳統的形而上
學，而是創立了一種挖掘一切形而上學的根
基的方法。

牛津學派以賴爾 (Ryle) 、奧斯汀
(Austin) 和斯特勞森 (Strawson) 等為
首，他們發揮了維根斯坦關於意義的論述，
建立了哲學語義學的理論，並在此基礎上，
發展了堪稱分析哲學的本體論、認識論和倫
理學的種種理論。和劍橋學派相比，牛津學
派的成就較大。它雖然沒有建立一個體系，
却以經院學究的態度探討了哲學各個領域裡
的問題。

賴爾所寫的《心靈的概念》一書，被認
為是分析哲學中僅次於《哲學研究》的一部
重要的經典。這部書從分析概念的意義入
手，討論了哲學家們爭論不休的心靈與肉體
的關係問題。

這本書比《哲學研究》早四年出版，但
賴爾在寫作時已透過學習維根斯坦未發表的
手稿而熟悉了他的思想，因此，人們可以在

這本書中看到維根斯坦思想的影響。比如，維根斯坦曾說，解決哲學問題靠的不是新的知識，而是靠重新安排我們已獲得的知識，賴爾也宣稱：「本書中的哲學論證不是爲了增加我們關於心靈的知識，而是要調整我們已有的知識的邏輯地理位置。」賴爾使用了和維根斯坦不同的術語，維根斯坦稱作爲「語法」的東西和賴爾所說的「範疇」意義相似。

　維根斯坦說，哲學問題是由於誤解了語法而產生的；賴爾則說，笛卡兒以來哲學中盛行不衰的「身心二元論」是一個「範疇錯誤」。賴爾把身心二元論戲謔地稱爲「機器中的幽靈」的信條，因爲笛卡兒曾把人比作機器，但同時又說，心靈是不依賴身體的獨立存在的實體。賴爾把這種理論看作是範疇錯誤，因爲它把心靈的概念放在一個錯誤的範疇之中，這是一個和包含著「肉體」這個概念的範疇格格不入的範疇，由於範疇的對立而產生了心和物、心理過程和物理事件、

外部公共世界和內心隱私世界的差別，因此又進一步產生了關於兩者關係的各種觀點和爭論。

賴爾說，消除這些爭論的途徑在於調整心靈這一概念的「邏輯地理位置」。即不把它放在包含著「肉體」概念的範疇之內。現實存在的只有身體和其它物體，實際發生、消亡的事件只是物理事件和過程。所有關於心靈的命題實際上不是描述身體行為的直言判斷命題，就是預示或想像可能會發生的身體行為的假言判斷命題。

這種行為主義的觀點和維根斯坦對心理現象所作的分析大相逕庭。但賴爾揭示哲學爭論起源和消除哲學問題的途徑和維根斯坦卻如出一轍。

牛津學派另一成員奧斯汀把維根斯坦思想發展成為一個關於意義的理論。和維根斯坦一樣，他強調，語言首先是一種有目的的活動。他用「語言行為」來代替維根斯坦的「語言遊戲」概念。維根斯坦說語言有無數

種用法，奧斯汀却說，即使承認這一點，我
們也有可能將語言的用法歸爲有限的類別，
旣然語言從本質上來說是執行一種動作的，
我們可以根據句子中的動詞用法來劃分意義
的種類，根據這一標準，奧斯汀劃分了三種
用法，即表達語旨行爲（locutionary）、完
成語旨行爲（illocutionary）和取得語效行
爲（perlocutionary）。表達語旨行爲是用
專門術語來表示確切意義的行爲。完成語旨
行爲是使用語言並有意識地影響他人的行
爲。取得語效行爲也是用語言來產生一定效
果的行爲，但這種效果不一定是預期的，如
果我無意中說出一句冒犯了他人的話，這就
是取得語效行爲。

　　奧斯汀還根據語言行爲的交際和影響他
人的功能（他稱爲「語旨力」）的大小，把
語言行爲分爲五大類，亦即：判決式（ver-
dictives），如「表彰」、「鼓勵」等動詞即
屬這一類，它們用於上級對下級的表揚；命
令式（exercitives），如「任命」、「警

告」，這是一個人賦予另一個人權力、權利
或對其人施加影響的用語；約束式
(commissie ves)，如「許諾」、「試圖」
等詞，用來表示自己應負的責任；行為式
(behavitives)，如「道歉」、「祝賀」等
等，是用來表達態度的社會行為；表達式
(expositive)，如「描述」、「提及」、
「證明」等等，是在討論和對話中表示自己
觀點和立場的用語。

　　奧斯汀的分析注重英語用法的技術細
節，學究氣較濃。有人因此而指責他違反了
維根斯坦分析語言用法的方法和意圖。他的
寫作和研究風格確與維根斯坦迥然不同，但
他對語言動詞用法的細膩描述，在某些方面
深化和發展了維根斯坦關於用法的論述。

　　斯特勞森繼維根斯坦之後，對邏輯分析
的方法進行了有力地批判。他的攻擊目標是
多年來被稱作為邏輯分析的樣板──羅素的
摹狀詞理論。

　　羅素發現，對有些以稱謂詞為主語的描

述性的句子的肯定和否定都會造成一種悖
論。比如，「當今皇上是禿子」是一個假命
題，根據邏輯學的排中律，A與非A總有一個
是眞的。因此，它的否定形式「當今皇上不
是禿子」應該是眞命題。

　　但事實上，這兩個命題都是錯誤的，因
爲它們描述了一個不存在的主體——「當今
皇上」。爲了消除這一悖論，羅素要求我們
用一個邏輯變量X來代替稱謂詞。「當今皇
上是禿子」可以被分爲爲「X是禿子；X只
有一個眞値；當今皇上是X的眞値」。這句
話翻譯成日常語言，就是：「有一個，並且
只有一個被稱作『當今皇上』的人存在，並
且這個人是禿子」。顯然這句話是錯誤的。
它的錯誤並不在於肯定了一個人是禿子，而
在於肯定了這個被稱作「當今皇上」的人的
存在。因此我們只有用邏輯分析的方法把
「當今皇上是禿子」這類句子分析爲關於存
在的命題，才能找到合適的、否定它的命題。

　　斯特勞森在〈論稱謂〉一文中指出，具

體的語言環境決定了一個句子是否陳述事實的命題。在百餘年前，人們自然會把「當今皇上是禿子」這樣的話理解為陳述事實的命題，而在現在，人們不會作這般理解，當然也不會用否定的方法來對付它，也不會造成任何悖論。

　　「當今皇上是禿子」這類命題只有對那些不看語言環境，固守著「所有摹狀詞都指示著一個存在事物」的前提的人才會造成悖論。消除悖論的方法是要消除悖論存在的前提，而不是用邏輯分析方法對摹狀詞作更精確的描述。

　　在《個體論》一書中，斯特勞森正面地表述出他自己的摹狀詞理論，他把摹狀詞的「主詞——謂詞」關係看作是語言的基礎。主詞是和個體事物相對應的，謂詞是對個體性質的區分和描述。根據這種對語言的現實之間關係的理解，他提出了要在研究語言意義的基礎上建立「描述性形而上學」的目標。

在《意義的範圍》一書中，他從康德哲學中找到了證明和描述人類語言的概念體系的方法，稱之為「先驗論證」的方法。他從康德那裡吸取的基本思想，是人類思維和語言必須以「個體事物或人」為認識的對象，這些「基本個體」是我們概念所必然具有的特徵。對我們的概念系統的必然特徵的描述就是哲學家所應該堅持的形而上學。「描述」的方法在維根斯坦哲學中是消除形而上學的途徑，在斯特勞森手中卻成了建立形而上學理論的工具。這種差別，反映出了牛津學派的困境。

牛津學派的哲學家看到，語言哲學不能只停留在批判和否定的階段，不能不提出類似的、建設性的理論。但是，按照維根斯坦哲學的精神，哲學家不應用任何一種理論模式和方法來限制思維的自由發展和語言的日常用法。因此，分析哲學家們一直徘徊在批判傳統哲學和建立新哲學理論中間，既未能令人信服地消除傳統的哲學問題，又沒有建

立一個為衆人認可的理論體系。到了六十年代，以牛津學派為代表的常規語言哲學日趨沒落。

達麥特（Michael Dummett）是七十年代興起的牛津哲學家，但具有邏輯實證主義傾向。他不贊成牛津學派以及其所追隨的維根斯坦哲學，他的思想來源是弗萊格的語言哲學和數學哲學，他特別反對維根斯坦後期的關係數學基礎的評論，指責維根斯坦是「徹頭徹尾的協定主義者」。他看到數學哲學中有兩種對立的傾向：一種是柏拉圖式的實在論，把數學命題看作對超越感性現實的理念實在的描述和反映；一種是直覺主義，它把數學命題的真假歸結為對證據和論證的直觀把握。這兩種傾向在語言哲學中表現為強調語言與現實對應關係的「真理條件」說與強調把證據表達出來的「證實條件」說兩種理論的對立。他本人傾向於把「證實條件」當作使用語言的基礎，認為維根斯坦的圖式論是強調「真理條件」的，因此，他也

反對維根斯坦的早期哲學。

第二次世界大戰後，維根斯坦的常規語言哲學的影響又波及美國。美國人沒有悠久的哲學傳統，直到本世紀二十年代，詹姆士和杜威才建立了具有美國色彩的哲學——實用主義。但實用主義很快被從歐洲大陸移居來的一批邏輯實證主義者的哲學所代替。

五十年代以來，美國的卓越哲學家，如奎因（Quine）、古德曼（Goodman）、賽勒斯（Sellars）、普特南（Putnam）、戴維森（Davison）和克里普特（Kripke）等都是按照分析哲學的風格來建造自己的理論的。他們之中有的傾向於邏輯經驗主義，有的傾向於常規語言哲學，有的兩者兼有。

總的說來，他們的思想一方面還保留著實用主義的某些痕跡，另一方面又表現了維根斯坦的深刻的影響。如奎因對經驗主義的兩個信條（即分析命題和綜合命題的區別以及感覺經驗是意義的基礎）的批判，賽勒斯關於感覺都借助一定概念來描述的證明，古

德曼的多元化的概念系統的主張，普特南等
同語言意義和事物本質的「新實在論」，戴
維森反對「心物平行論」的「破格的唯名
論」，克里普特的「指標理論」等等，都可
以和維根斯坦的類似觀點聯繫起來，只不過
有些人直接援引維根斯坦著作論證來支持自
己的觀點，有些人則沒有明確地說明自己思
想的來源。

美國分析哲學和英國的牛津學派一樣，
在研究和寫作風格上表現出經院學究的態
度，他們使用了技術化的術語，圍繞著一些
精細的問題，樂此不疲地爭論不休，旁觀者
却往往不知所云。哲學領地因此日益縮小，
成為脫離社會實際和其它學科的高度專業化
的活動。

這種狀況引起了年輕哲學家的不滿。近
年來興起的「後分析哲學」表達了他們對專
業化的哲學的反抗。「後分析哲學」與代表
美國傳統精神的實用主義有著密切的聯繫，
它要求用實用的態度來對待理論，把哲學和

人的活動，包括人在其它學科中的理論活動
綜合起來建立廣泛意義上的哲學文化，把哲
學變爲能在實踐和理論兩方面有效地反映人
的活動的綜合文化形態。

　　這種哲學傾向在1962年出版的庫恩
（Thomas Kuhn）的《科學革命的結構》
一書中已初見端倪。庫恩要求從科學發展的
歷史，而不是從哲學原則出發來研究科學哲
學。他把科學發展史看成是規範變化的歷
史。新規範代替舊規範的科學革命之所以發
生，是因爲越來越多的問題造成了舊規範所
不能解決的「危機」。新規範是爲了解決問
題而提出的，並透過解決問題的示範作用建
立了「常規科學」。舊規範也將因爲不能繼
續解決問題而被推翻和替代。庫恩引用了維
根斯坦的「家族相似」的觀點來解釋規範之
間的關係，它們之間沒有連續性，沒有共同
的本質。

　　科學以一種規範發展到另一種的動力，
是不同時代的人們所提出的不同問題，以及

解決它們的需要，費耶阿本德 (Paul Feyer-abend) 發展了一種更激烈的觀點。他自稱為「認識論中的無政府主義者」，用「一切皆行」的口號否認任何科學方法論的權威性，否認可以用客觀尺度來衡量規範以及不同思維方式的優劣，他認為科學的發展是科學以外的力量（如社會的變革、人們需求的變化、一個社會對另一社會的侵略和征服等等）所引起的。在此過程中顯示的思想變遷和流動，並不意味著認識的深化和進步。

這一流派表現了實用主義和維根斯坦哲學合流的傾向，但還只是限制在科學哲學這一特殊學科。七十年代興起的新實用主義則把這種傾向擴展到整個哲學領域，其主要代表人物是羅逖 (Richard Rorty)。

羅逖把維根斯坦、海德格和杜威稱作是「把我們帶入一個革命的哲學時代」的三個偉大哲學家。他們用嶄新的關於哲學的概念代替了流行的笛卡兒和康德哲學所規定的規範。他認為西方哲學傳統的根本點是尋求人

類知識的確切基礎。爲此，哲學家們所提供
的是一系列非歷史性的觀念，如必然性、普
遍性、理性、客觀性和先驗性。但實際上，
我們所要求的是對倏忽的實踐行爲的歷史性
的概念、偶然性的描述和不斷修訂的理論。

　　他認爲分析哲學並沒有完全擺脫傳統哲
學的桎梏，但美國哲學家奎因、古德曼、賽
勒斯和戴維森等人却在闡述分析哲學理論的
過程中給了人們以深刻的啓發。他們要求人
們不要借助哲學的論證把一種語言遊戲、一
種道德觀念和一個社會的文化放在優越於其
它模式的特殊地位，不要把一種特定的語言
實踐、概念系統永恆化。在各種理論和行爲
的矛盾和衝突中，我們不能把哲學思維當成
解決問題的統一模式，羅逖對傳統哲學提出
了三方面的批判，即在本體論上反對實在
論，在認識論上反對基礎論，並把對心靈的
探討驅逐出哲學領域。

　　羅逖對實在論的批判實際上是對眞理存
在於理論和現實相符合中的理論的批判。他

認爲這種眞理觀是建立在觀念與事物、語言和世界、理論和事實相分離的基礎之上的。取消這種分離並不導致唯心論，因爲這並不意味著觀念可以創造或構成事物。但這却必然導向實用主義，因爲他認爲對事物和世界的描述是在進化中變動的；世界觀是社會成員在一定環境中，爲滿足一定的需要，在解決問題的過程中提出來的。理論、行動、環境、問題、需要等因素，是不可能截然分開的。我們不能把關於世界的理論同世界本身分開，然後再把理論與一個不受任何理論影響的世界相比較。因爲任何事實都是在一定理論指導下觀察和思考過的事實，沒有脫離理論的純客觀事物。

羅逖對認識論中的基礎論的批判是對超語言的知覺和直覺的批判。他把知識的對象當作命題。他說，在語言之外尋求知識的基礎，對柏拉圖來說是以靈魂來洞悉理念世界；對笛卡兒來說是以心靈來把握清晰明白的概念；對洛克來說是用感覺來反映外部世

界。這些哲學家所推崇的認識模式都是非歷
史性的終極的原則。

　　羅逖還用「認識論的行為主義」來代替
「自我」以及「心靈」的概念。他說，他的
學說來源於賴爾對笛卡兒的「靈魂」觀念和
奎因對康德「先驗自我」及胡塞爾非經驗自
我的批判。行為主義所反對的是把心靈當作
自然界的鏡子的觀點，他否認了這面鏡子的
存在。人們是在行為，包括語言行為中和自
然界處在直接的關係之中，而不是對自然界
作鏡面式的消除反映。羅逖的批判引導出了
一個關於哲學的新概念，他說：「在這個概
念中，『哲學』不是一門關於永恆的主題的
學問的名稱。相反，它是一種文化的類型，
一種『人類交流的聲音』，它在一個特定時
間內圍繞著一個、而不是另一個題目而進行
的。但這不是辯論的必然發展的結果，而是
在交流中各種不同的、發生在其它領域中的
事件（如新科學、法國革命、現代小說）所
引起的結果，或是提供新思想的天才們（如

黑格爾、馬克思、弗萊格、佛洛伊德、維根斯坦、海德格）的產物，或是這樣一些力量共同作用的後果。有意思的哲學變化不是發生在建立新學說來對付老問題的時候，而是發生在新問題產生和舊問題開始消失的時候。⑤

不難看出，羅逖的哲學融合了維根斯坦消除哲學問題的做法和實用主義應付現實問題的功能。正是這種融合，把分析哲學推到了後分析哲學的階段。

無論分析哲學按照什麼方向繼續發展，我們可以確信，在一個相當長的時期內，維根斯坦哲學仍將保持著旺盛的生命力和深遠影響。

注釋

① 引自*Logical Positivism*, ed. by A. Ayer, Free Press, 1959, p.54

② 見*Wittgenstein's Lectures*, Cambridge, 1930-1932, ed . by D. Lee, Blackwell, 1980, p.66.

③ 見*Empiricism, Logic and Mathematics*, Dorderecht Reidel, 1979, p.xii, 24.

④ 見*The Philosophy of Rudolf Carnap*, Open Court, 1964. p.25

⑤ *Philosophy and the Mirror of Nature*, Princeton, 1980, p.264.

參考書目

中文部分

1. 維特根斯坦，《名理論》，張申府譯，北京大學出版社，1988年3月。
2. 維特根斯坦，《哲學研究》，湯潮、范光棣譯，三聯書店（北京），1992年3月。
3. 舒煒光，《維特根斯坦哲學述評》，三聯書店（北京），1982年。
4. 趙敦華，《維特根斯坦》，西方文化叢書，三聯書店（香港），1988年11月。

（編按：維根斯坦，大陸一向譯作維特根斯坦，參考書目從大陸用法。）

英文部分

1. Anscombe, G. E. M., *An Introduction to Wittgenstein's Tractatus*, Hutchinson University Library, 1959.

2. Ayer, A. J., *Wittgenstein*, Weidenfeld and Nicolsun, 1985.

3. Baker, G. P. and Hacker, P. M. S., *An Analytic Commentary on the Philosophical Investigations*, 4 vols, Basil Blackwell, 1980~1990.

4. Bartley, W. W., *Wittgenstein*, Quartet Books, 1974.

5. Black, M., A Companion to Wittgenstein's Tractatus, Cambridge, 1964.

6. Canfield, J. V. (ed.), *The Philosophy of Wittgenstein* 15 vols, Garland Publishing, 1986.

7. Engelmann, D., *Letters from Ludwig Wittgenstein with a Memoir*, Basil

Blackwell, 1967.

8. Fann, K. T., *Wittgenstein's Conception of Philosophy*, Basil Blackwell, 1969.

9. Monk. R., *Ludwig Wittgenstein: The Duty of Genius*, The Pree Press, 1990.

10. Shanker, V. A. and S. G., *Ludwig Wittgenstein: Critical Assessment*, 5 vols, Groom Helm, 1986.

11. Zhao, D. H., *Russell and Wittgenstein in Dialogue*, 2 vols, Louvain University Library, 1988.

羅 逖
Richard Rorty

作者: 張國清
定價: NT.150
ISBN: 957-8637-11-X
CIP: 〔146〕
電腦編碼: F2003
當代大師系列 03

羅逖,是當代美國最重要的哲學家之一。其暢導的反再現論和後哲學文化觀的影響力已經遠遠地超出了學術爭論的範圍,越出了美國國界,而且其所指出的問題具有世界性的普通文化現象的意義。羅逖哲學為未來世界多元化現實提供了很好的哲學論證,蘊含著一種世界和平主義的理想,並預示了東西方文化在更加寬泛的範圍裡,實現融合的理論前景和實際可能性。台灣知識界有必要好好認識這位當代重量級的哲學思想家。

傅 柯
Michel Foucault

作者: 楊大春
定價: *NT.150*
ISBN: *957-8637-12-8*
CIP: 〔146〕
電腦編碼: *F2004*
當代大師系列 04

　　傅柯，一位古怪，孤獨，追求自由，具有批判精神的思想家，他勤於思考與寫作，著述豐富，思想更是獨具魅力。傅柯對知識結構進行的考古學和系譜學分析是針針見血的；他研究了癲狂，疾病和知識型等問題，因而發現精神病學和瘋人院誕生的秘密，揭露了現代人道主義的虛偽，也發現在思想史上存在著「知識型」的結構性變遷；本書對傅柯思想的全貌有深入淺出的介紹，是一本極佳的「傅柯學」入門書。

詹明信
Fredric Jameson

作者: 朱剛
定價: NT.150
ISBN: 957-8637-07-1
CIP: 〔810〕
電腦編碼: F2005
當代大師系列 05

　　詹明信,當今美國西馬文評的主要人物。自70年代樹立了他獨特的理論之後,影響力與日俱增,逐漸成為北美最重要的馬克思主義理論家,文化批評家之一。他的理論涵蓋面相當廣,頗具哲學深度,把馬克思主義原理與西方文化結合得頗為成功,所以被視為是60年代馬克思主義文藝批評興起之後高峰期的代表人物。在台灣知識界,他的知名度很高,卻從無對之加以研究的專著,本書之出版,彌補了這個缺憾。

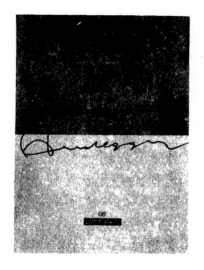

海德格
Martin Heidegger

作者: 滕守堯
定價: *NT.150*
ISBN: *957-8637-14-4*
CIP: 〔147〕
電腦編碼: *F2006*
當代大師系列 *06*

　海德格，二十世紀最有影響力的哲學家，思想家之一。他的『存在與時間』對西方傳統哲學造成空前的震擊，他對「人類中心主義」的強烈批判，對現代工業社會造成自然環境的破壞的預言，對人在現代社會中注定被異化的命運的描述，成為現代社會的醒世恆言。他的詩意的隱居，他的深刻的思想和向東方哲學的靠攏，對西方的現代哲學家起了極大的啟發作用。本書的論述，很適合初學者一窺大師的堂奧。

維根斯坦　　當代大師系列 7

著　　　者／趙敦華

編輯委員／李英明　孟樊　王寧　龍協濤　楊大春

出 版 者／生智文化事業有限公司

發 行 者／葉忠賢

執行編輯／范湘渝

登 記 證／局版北市業字第 677 號

地　　　址／台北縣深坑鄉北深路三段 258 號 8 樓

電　　　話／(02)8662-6826 8662-6810

傳　　　真／(02)2664-7780

印　　　刷／柯樂印刷事業股份有限公司

法律顧問／北辰著作權事務所　蕭雄淋律師

初版三刷／2010 年 1 月

定　　　價／新臺幣：150 元

I S B N:957-8637-26-8

國家圖書館出版品預行編目資料

維根斯坦=*Wittgenstein*／趙敦華著. --初
版.
　　--臺北市；　生智　*1996*〔民*85*〕
　　面；　公分. --（當代大師系列；*7*）
參考書目：面
ISBN　957-8637-26-8 (平裝)

*1.*維根斯坦(*Wittgenstein, Ludwig. 1889*
–1951) –學術思想–哲學

144.79　　　　　　　　　　　　*85007328*